TRAI
DESDE CASA

Trabajos para madres

Ideas de ingresos pasivos
para una vida de libertad financiera
con tu familia

12 PEQUEÑOS NEGOCIOS REALES QUE PUEDES HACER AHORA MISMO

Por

Rita Reader

Sitio web de la editorial Mira Star:

www.mirastarpublisher.com

Descargo de responsabilidad

El contenido de este libro ha sido revisado y compilado con gran cuidado. Sin embargo, no se puede garantizar la integridad, exactitud y actualidad de los contenidos. El contenido de este libro representa la experiencia personal y la opinión del autor y es sólo para fines de entretenimiento. El contenido no debe confundirse con la ayuda médica.

No habrá responsabilidad legal ni responsabilidad por los daños resultantes del ejercicio contraproducente o de los errores cometidos por el lector. No se puede dar ninguna garantía de éxito. Por lo tanto, el autor no asume ninguna responsabilidad por la no consecución de los objetivos descritos en el libro

¿Quiere disfrutar de su vida con su familia, pasar más tiempo con ellos y cuidarlos más sin preocuparse por el dinero todo el tiempo?

¿Desea tener una fuente de ingresos pasivos para poder centrarse más en su vida familiar en lugar de trabajar de 9 a 5 para ganar dinero?

¿Le parece que invertir es confuso??

Si es así, siga leyendo!

Hay dos tipos de fuentes de ingresos. Una es la activa y otra la pasiva. Los ingresos activos son los que se obtienen trabajando y cobrando por la cantidad de trabajo que se ha realizado. Los ingresos pasivos son los que se obtienen sin esfuerzo. En los ingresos pasivos, usted ganará incluso cuando esté pasando tiempo con sus hijos e incluso cuando esté en un picnic familiar. La gente se hace rica y disfruta de su vida con las fuentes de ingresos pasivos.

Los ingresos pasivos pueden parecerle un poco confusos, pero no tienen por qué ser abrumadores o confusos una vez que lea este libro. Le hemos proporcionado una guía paso a paso con detalles que son fáciles de entender y seguir. Será una experiencia increíble para usted ver sus inversiones crecer y alcanzar sus objetivos. La mejor parte es que usted será capaz de pasar mucho tiempo con los miembros de su familia y los niños, mientras que la obtención de un beneficio y retirarse temprano con emoción.

Sea libre financieramente por completo con nuestra guía extendida y manifestada. Le proporcionará la habilidad, el conocimiento y los consejos y trucos secretos para dar un giro a su vida financiera para siempre. Maneje mejor a su familia y diviértase más con ellos viendo cómo el dinero fluye hacia usted sin esfuerzo. Y todo esto sin necesidad de inscribirse en costosas clases

- Esto es lo que hace que este libro sea especial
- Consejos y trucos secretos para gestionar correctamente sus finanzas;
- Encuentre el camino hacia la libertad financiera y aprenda la clave para crear riqueza;
- Gana dinero fácil sin esfuerzo entrando en el mundo de los ingresos pasivos;
- Aprenda 12 ideas de negocios como madre mientras permanece más con su familia en casa;
- Ganar a través de la publicación en Kindle;
- Construir sitios web de nicho para vender sus intereses;
- Vender cursos online en udemy.;
- Aprender el marketing de afiliación, hacer páginas de aterrizaje, listas de correo electrónico y muchos más

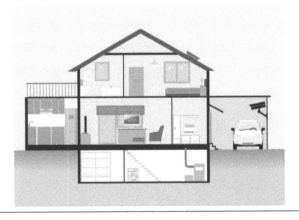

Conozca los pormenores de los ingresos pasivos. Desbloquea el potencial de ganancias que llevas dentro con esta guía y sigue el camino que siempre han seguido los ricos. Los ingresos pasivos son la única clave para hacerse rico y disfrutar de la vida al mismo tiempo. Con nuestra guía, aprenda todas las ideas de trabajo desde casa y domine el juego de los ingresos pasivos para conseguir un seguro de vida de libertad financiera. Aléjese de los aburridos trabajos de 9 a 5, obtenga ingresos pasivos y retírese pronto.

Así que, interesado en la libertad financiera en el siglo XXI?

Entonces, siga leyendo …

Índice de contenidos

INTRODUCCIÓN

¿Sueña con alcanzar la verdadera libertad financiera?

¿Quiere tener más tiempo para pasar con su familia y amigos o para hacer las cosas que le gustan?

A lo largo de este libro, descubrirá más sobre lo que puede ser la autonomía monetaria y descubrirá cómo podría afectarle de forma inequívoca. Una gran parte de convertirse en libre monetariamente es abrir nuevos caminos y pensar más allá de los límites prácticos. Este libro le insta a descubrir esas fantasías y a fabricarlas con objetivos esenciales para empezar a trabajar. Con cada 50% del libro, empezarás a interconectar tus gigantescos sueños con objetivos concretos que pueden tipificar la posibilidad de tu excursión hacia la autonomía monetaria. Cada progresión puede, a su vez, ofrecer los impedimentos de estructura necesarios que le darán los dispositivos razonables que necesita para entender esas fantasías. En la parte esencial de este libro, usted puede descubrir más sobre algunas habilidades y prácticas fundamentales que volverán útil como usted está utilizado a través de las cosas que hacer. Estos son avances bastante esenciales fijados en sus objetivos y las aclaraciones para comenzar esta excursión.

Espere cómo ha vuelto a fumar unas cuantas veces o deje de ir al centro de recreo con la regularidad que quisiera. Tengo que hacer bien esto no le ocurrirá en su excursión a la autonomía de dinero, independientemente de si usted siente su inspiración hundiendo de vez en cuando. De esta manera, el avance subyacente y más significativo en su excursión es hacer una obligación genuina a su objetivo central.

- Usted puede sentir que acaba de dedicar al recoger este libro o porque usted ha estado agonizando sobre la comprensión de sus fondos para un período de tiempo increíblemente largo que usted siente que su mente está preparada para la prueba. No obstante, tarde o temprano, es más probable que pierda la voluntad de continuar con algunos obstáculos subyacentes.

- En consecuencia, ayúdese a sí mismo y concéntrese en las 100 etapas hacia la autonomía financiera que se dan en estos días. En este momento, su deseo es el más elevado. (Recuerde a esas personas con objetivos de Año Nuevo. Ellos también fueron una vez básicamente, sin embargo, persuadidos como usted puede ser a partir de ahora). La oportunidad financiera podría ser una fase en la que usted puede experimentar sus fantasías que están muy por encima de su forma de vida actual. Esto implica que harás lo que necesites para intentarlo. Sin embargo, (monetariamente) y que el dinero no es una preocupación.

- Su propósito detrás de iniciar esta excursión podría ser tener la opción de comprar varios vehículos, vivir una gran parte del año en su segunda casa dentro del Caribe, y bendecir a todos en su familia con el último gadget. O, por otro lado, es posible que desee tomarlo de otra manera y ofrecer lejos generosos segmentos de su abundancia a la causa noble o establecido su fundación, convertirse en un altruista, o fomentar la salvación de nuestro planeta.

Por muy escandalosa que sea esta motivación para buscar la autonomía relacionada con el dinero, tal vez se pueda confiar en ella; muchas personas logran este objetivo, por lo tanto, ¿quién sabe si usted puede, además, con el tiempo? 65, y en este libro, le mostraré los medios que desea necesitar para diseñar su camino hacia la salida del mundo laboral.

Tener el dinero para renunciar antes de tiempo recomienda que usted no tendrá que ir a trabajar tienes 65 años o tal vez más establecido para comenzar a llevar a cabo su rutina diaria la estrategia que desea experimentar. En el momento en que tengas el dinero para renunciar a los cincuenta, cuarenta o incluso treinta años, tu punto de vista será único. Usted querrá dejar de trabajar en los términos de otra persona por último lleva a cabo en la vida los métodos que usted necesita. Las personas que han prevalecido en la renuncia temprana forman sus opciones sobre la existencia dependiente de lo que parece correcto para ellos en lugar de lo que todas las demás personas están haciendo.

Se conforman con decisiones que les dan la oportunidad; esto sugiere que son intensamente conscientes de cada llamada relacionada con el dinero que tienen y su efecto en sus planes de jubilación. Varias personas tienen pensamientos chocantes respecto a lo que propone renunciar anticipadamente. Para unos pocos, la salida de la fuerza de trabajo sugiere que tener la opción de salir a la edad de sesenta años.

Para otras personas, su sueño de retirarse de la fuerza laboral pretende tener la oportunidad de renunciar a los 35 años. Según la Administración de la Seguridad Social, la plena edad de jubilación (FRA) se sitúa entre los sesenta y cinco y los sesenta y siete años, dependiendo del año en que se haya concebido. Este puede ser el momento en el que comenzará a reunir todos los márgenes de la Seguridad Social. Si decide renunciar y empezar a cobrar sus prestaciones de la Seguridad Social antes de su FRA, podría ser castigado con cheques de ventaja más modestos. No obstante, si sigue las directrices de este libro, tendrá la opción de renunciar con la antelación que desee sin tener que recurrir a las prestaciones de la Seguridad Social.

Al examinar el mejor enfoque para formar su plan de retiro de la fuerza de trabajo (ERP), le ayudaré a planificar como si no fuera a obtener las circunstancias favorables de la jubilación de la Seguridad Social.

En esta estrategia, los márgenes de jubilación de la Seguridad Social que obtenga más adelante serán una ampliación de su sueldo en lugar de algo de lo que dependerá. A pesar de lo que su salida objetivo de la edad de la fuerza de trabajo es, hay diferentes márgenes a tener la monetaria propone que tener la opción de renunciar a principios. Las personas que pueden salir antes de tener la libertad de viajar, para invertir la energía con la familia, para comprometerse con las actividades de ocio, para iniciar su propio negocio, o tal vez para salir de nuevo a la escuela secundaria. En el momento en que usted ha arreglado sus cuentas en un enfoque revolucionario que le permite tener la opción de dejar su lugar de trabajo, que va a invertir un poco de energía haciendo las cosas que usted necesita para intentar a la escuela secundaria y dejar de estar atrapado durante una tarea que le da no mucho más que un cheque quincenal.

¿En qué consiste la salida del mercado laboral? La respuesta adecuada difiere de un individuo a otro. Sin embargo, la mayoría coinciden en que necesitan renunciar antes de lo previsto para permitirles intentar hacer las cosas que desean intentar en la escuela secundaria. Con toda honestidad, hacer un plan para salir del mercado laboral no es tan complicado. Todo lo que podría querer es una paga suficiente para generar recursos de cara a sus gastos cotidianos para el resto de su vida. En este momento, deberíamos ver cómo lograr ese objetivo.

Capítulo 1

¿Piensa pasar más tiempo con su familia? Consejos para gestionar sus finanzas

Con la economía en declive, pensar en poder jubilarse para tener por fin tiempo para estar con los miembros de su familia puede parecer extravagante.

No obstante, si está incluido en la seguridad de su efectivo en los años de jubilación, no debe bromear con respecto a la organización de la jubilación monetaria. La preparación de la jubilación monetaria es el primer paso para garantizar que la forma de vida que anhela en la jubilación pueda tener una mayor posibilidad de convertirse en realidad. Independientemente de lo pasado o joven que seas, nunca es la oportunidad inexacta de considerar el pensamiento de jubilación relacionado con el dinero y emprender una idea maestra de fondos de inversión para la jubilación. No obstante, cuanto antes lo consigas, mejor te irá. Lo más probable es que tenga unos ahorros más importantes en el momento de la jubilación si empieza a ahorrar a los 30 años en lugar de a los sesenta. Con años extra para hipotetizar, su empresa puede tener una posibilidad superior de recuperarse de cualquier caída o golpe a lo largo de los métodos.

Cuanto más prolongada sea la aportación de su dinero, mayor será su probabilidad de conseguir su futuro. Al planificar sus necesidades de jubilación, usted distinguirá lo que necesita hacer para obtener su lote y estar en una situación excepcionalmente más alta para obligar a la mayoría de las cuestiones que pueden de alguna manera u otra confundirlo a usted y hacerle daño monetariamente. La idea esencial para sus fondos de reserva de jubilación orquestados puede ser el lugar donde su dinero de riesgo irá y de una forma prolongada. Como una técnica crítica, usted debe poner una parte de su dinero en una cáscara de nuez, la especulación a largo plazo, las empresas a medio plazo, y las empresas a largo plazo. Su horizonte temporal elige tal experiencia como norma. En su mayor parte, una tonelada de tiempo que tiene antes de vaciar la experiencia para el efectivo, el menos seguro de la especulación. En el caso de que su horizonte temporal sea de al menos cinco años, lo que se consideraría una experiencia a largo plazo, tendrá la opción de elegir especulaciones que aumenten su valor después de algún tiempo. Las acciones de desarrollo y las propiedades inmobiliarias son empresas razonables a largo plazo si le quedan muchos años antes de la jubilación.

Las acciones imprevisibles o los certificados de depósito se consideran empresas transitorias, especulaciones que se mantienen durante un año o menos, y que se reconsideran con frecuencia. Los tiempos son únicos: no tomará la propuesta de planificación de la jubilación de un asesor de especulación como un evangelio cuando incluya la organización monetaria de la jubilación. Es posible que quiera asesorarse a sí mismo y asumir la responsabilidad de su dinero. Si le parece que la planificación de su jubilación es una tarea aterradora, existen numerosos instrumentos de planificación de la jubilación a los que podrá recurrir en busca de ayuda. Estos instrumentos incorporan libros elegantemente compuestos que pueden exponer una defensa de la distinción entre cosas como los valores y las acciones, y así sucesivamente. Hay distintas clasificaciones y talleres que usted tomará para ayudarle a crear su empresa de jubilación mastermind para llegar a los objetivos que establece para su jubilación. No tiene que buscar transitoriamente más allá del punto de no retorno que necesita más efectivo para cubrir sus necesidades de jubilación.

Debe instruirse para lograr la comprensión de lo que se puede conseguir con el dinero que aporta. En su mayor parte, una organización razonable de fondos de reserva para la jubilación debería aceptar intereses en cargos de depósito, mercado monetario y cuenta bancaria para suministrar dinero disponible; acciones en empresas minúsculas, medianas y gigantescas para el desarrollo y la revalorización; y diferentes empresas, por ejemplo, terrenos para la preferencia desde hace bastante tiempo. Su plan de jubilación monetaria debe tener en cuenta el número de años que le quedan hasta que espera dimitir. Usted debe teorizar su efectivo una tonelada de años, una gran cantidad de peligro que debe tomar con su dinero de la especulación. Ayudaría que tuvieras un extra de tus activos especulativos en efectivo rápidamente alcanzable en la remota posibilidad de que tengas un par de años antes de renunciar. Es preferible no estar a la entrada de la jubilación con la mayor parte de su dinero juramentado en la bolsa de valores para que una parte colosal del efectivo se desvanezca en un desplome real del mercado, que puede ocurrir en cualquier momento. En el caso de que usted tenga numerosos años de jubilación, las acciones y los terrenos de fuerza serán una empresa sólida. Sus ahorros pueden desarrollarse más rápido con este procedimiento de especulación porque los activos están protegidos de los cargos vinculados, y debido a la tierra, podría ser difícil de apoyar contra la inflación. La organización de la jubilación monetaria no es una ciencia avanzada. Es, en gran medida, sentido común. Además de varios instrumentos de organización de la jubilación, puede utilizarlos para ayudarle a hacer los fondos de reserva de jubilación más sencillos establecidos para usted.

Sea como fuera, incluso la mejor distribución

debe auditarse y modificarse en función de las condiciones. Revise su cartera de inversiones para la jubilación cada año y haga los cambios necesarios. Intente no dejar que los buenos y malos momentos del mercado le hagan perder el camino que le lleva a sus objetivos. Los tiempos buenos y malos dentro del mercado de riesgo son esenciales para el patrón típico de contribución. Adhiérase a sus planes educados a largo plazo, y así, la ruta de los golpes finales debe proporcionar todos los niveles a lo largo de los años para cumplir con sus necesidades de jubilación. Con las personas que viven más tiempo, necesitan establecer bien si necesitan proceder con la forma de tratar su vida antes de la jubilación.

La elección de los planes de jubilación adecuados debe ejemplificar una investigación de los costes de jubilación previstos. Estos costes podrían ser totalmente inesperados para cada individuo, y la mejor orquestación de su jubilación puede permitirle apartar la cantidad de dinero que espera necesitar una vez que seleccione renunciar. Algunos planes pueden no dar decisiones de especulación que pueden ofrecer el rebote necesario para prevalecer en el equilibrio de registro necesario.

Asegúrese de que abarca esencialmente la totalidad de los costes potenciales a los que se enfrenta una vez jubilado; de lo contrario, elegirá una configuración que no se ajusta a la realidad. Sus contribuciones previstas al plan cada año -

El lugar que elija debe emitir sus compromisos anuales previstos y la seguridad de que se cumplirán sus objetivos de jubilación. Algunos planes pueden restringir las obligaciones razonables a una pequeña suma en una premisa anual, y algunos proyectos pueden permitir compensar los compromisos de tiempo perdido una vez que se acerque a la edad de jubilación. La búsqueda de los planes de jubilación menos complicados debe aceptar la propuesta de deberes dotados. Los resultados de la organización de la jubilación sin ayuda serán enormes obligaciones de derechos cuando su pago sea más necesario. Algunos métodos utilizan compromisos antes de impuestos que se cargan en el momento de la circulación, mientras que los planes electivos utilizan promesas hechas bajo la premisa de cuando se cobra; en consecuencia, los retiros no se cargan después de la jubilación. Las sugerencias del deber le animarán a seleccionar los diseños legítimos para todos sus deseos y objetivos de jubilación. Antes de elegir el mejor plan para su seguridad monetaria durante la jubilación, tendrá que definir sus objetivos de jubilación. ¿Desea viajar? ¿Va a conservar la próxima casa? ¿Va a utilizar un trabajo de media jornada o va a tomar una diversión con costes relacionados? Sus objetivos de jubilación pueden influir en el mejor acuerdo para su futuro y en la medida de la paga de jubilación que necesitará para vivir sin problemas monetarios mientras renuncia.

Capítulo 2

Un valioso recurso: El camino hacia la libertad financiera

El camino hacia la libertad financiera puede parecer normalmente intenso para el observador. Una medida inimaginable de la examinación se ha hecho, y el número de los libros compuestos que visitan oportunidad del efectivo es demasiado diverso incluso considerar el comprobar. Algunas personas están luchando para salir adelante, y la libertad relacionada con el dinero es sólo una fantasía para algunos en nuestra economía actual. ¿Qué es exactamente la oportunidad de ganar dinero y cuáles son los medios que se esperan para lograrlo? Una definición simple para la oportunidad de efectivo puede ser "tener un flujo de efectivo de pago que cubrirá sus costos diarios más allá de su vida normal." En palabras electivas, calcule sus costes totales, junto con cada uno de los precios fijados y el deber de su evaluación y sus gastos diarios, y así sucesivamente, compuesto para la expansión sobre su esperanza de vida media, y contraste eso con sus pagos de efectivo proyectados durante un período similar. Tendrá la opción de decir que ha logrado una oportunidad financiera si su sueldo supera sus gastos. Simplemente, si sus ingresos superan a sus obligaciones a lo largo de su tiempo habitual, habrá logrado una oportunidad económica. ¿Se logrará esto realmente, o se trata de una fantasía poco realista?

El camino hacia la oportunidad de cobrar no es una fantasía, sino una realidad tangible, y se logrará a través de la elaboración y la ejecución cautelosa.

•   Las ocasiones problemáticas abren las puertas a las fortunas. Pocos considerarán que los momentos son inconvenientes. En estos días, la web y las ventajas de la red han abierto el camino para hacer abundancia como ningún momento electivo.

•   Esto es regularmente así porque han hecho que sea alcanzable para dividir segundo en todo el mundo, creciendo clientes probables y los clientes a los niveles en ningún otro momento factible. La confirmación se encuentra en los diversos magnates y expertos cuyas fortunas se han hecho inmediatamente en la historia tardía. Estos individuos no son súper personas de todos modos, las personas que siguieron una organización que los coloca en el camino a la oportunidad de dinero en efectivo.

- Los medios que tomaron no son misterios. Son avances decididos que algunas personas dejan de ver en su día a día. Independizarse de la carrera de ratas podría ser una palabra que ha tomado fuerza en el siglo XXI.

- Es un término que describe un estilo de vida que se arregla de forma natural en el que nadie necesita trabajar por dinero para cubrir sus gastos. La oportunidad relacionada con el dinero propaga que uno puede ser liberado de los deberes ya que ha establecido una existencia cotidiana que caracteriza a tratar con sus cuentas. Esta idea no implica que uno se libere de la obligación.

- No obstante, batalla que la obligación se esbozará como un costo. Mientras que el compromiso podría ser una idea financiera, consistente uno que ha ganado la independencia de la carrera de ratas se permite comprobar la obligación como una parte de sus costos en lugar de una carga a sus objetivos de efectivo. Ser libre monetariamente es una interpretación errónea de ser próspero

Mientras que tendemos a comprender que los individuos ricos tienen un alcance de millones de dólares en el registro, sus gastos generales desde hace bastante tiempo ejecutar puede implicar que no son tan monetariamente independiente como se muestran.

Así, esta idea es una idea receptiva a su forma de vida y a la medida de efectivo que debe cubrir. En esta conducta, la oportunidad de dinero no es tan debilitante para reconocer como se imaginó por primera vez. La libertad relacionada con el dinero es la libertad de tiempo Para varias personas, ser monetariamente libre es, por ejemplo, tener un tiempo de recreación extendido. La idea de que su oportunidad es el dinero se convierte en un factor integral. En realidad, un individuo monetariamente libre puede ver que el dinero es tiempo. Cuando usted está en una situación para construir una idea de su oportunidad de tiempo, en ese punto, que implica que usted es una manera perfecta para agregar la independencia monetaria. Esta regla se centra en las cuentas de uno menos. Expresado de forma inesperada, la oportunidad relacionada con el dinero concede a alguien requerir alguna inversión en ejercicios sin intercambiar su tiempo disponible por dinero. Se basa en los recursos negociables que se componen después de algún tiempo para cubrir los costos típicos. Por lo tanto, se enmarca la abundancia, que crea más dinero y tiempo. Permite a los individuos reducir sus horas de trabajo sin deficiencia de salario debido a los ejercicios de creación de dinero de estos días. Este pensamiento requiere una gran perspectiva. En nuestra escolarización ejemplar del personal, se nos educa para trabajar por dinero. Posteriormente, vamos a dar en el tiempo algo para hacer, y después, obtenemos nuestra paga. Este puede ser el tiempo de reconocimiento para el comercio de dinero en efectivo.

No obstante, la oportunidad financiera elimina la idea de su comercialización de tiempo y dinero y permite a una persona hacer que el dinero trabaje para ella. Lograr esta posición incluye un movimiento extraordinario en la forma de vida y la perspectiva general. Aunque no es difícil considerar tener una oportunidad ideal para contribuir y hacer un negocio, la mayoría de los representantes del entorno de trabajo se dan cuenta de que todo el tiempo que tienen debe ser puesto en la práctica diaria.

Un avance fundamental para lograr la autonomía monetaria es entender que hay formas de utilizar mejor el tiempo. Para lograr una oportunidad monetaria, es posible que haya que ajustar la mentalidad real sobre la idea del dinero. Entender que el dinero es exclusivamente una intención para lograr un fin, es un factor. Comprender que nadie debe ser juzgado por la cantidad de dinero que posee es otro. Decidir esta oportunidad como la medida de dinero que se tiene elimina el punto porque, en la parte superior, no se puede lograr esto si no se está contento con el dinero que se tiene. Recuerde que esta idea es además un criterio único. Este criterio está excepcionalmente asociado al grado de satisfacción que aporta el dinero. En otro aspecto de la moneda, tendemos a eliminar igualmente la impresión negativa del dinero.

2.1 Soñar con la libertad financiera o estar despierto toda la noche preocupándose?

Aunque la vieja historia de que "el dinero es la base de todo lo que se hace" parece pertinente, imaginar que esto es incesantemente el caso puede ofrecer una lectura anti-agente acerca de la fabricación de la abundancia. Siempre coloque en el corazón que la independencia de la carrera de ratas podría ser una empresa sustancial a uno siente que es moralmente estable para enmarcar el dinero. Finalmente, tener la disposición correcta sobre el dinero será una técnica integral con la intención de una impresión totalmente inesperada de este pensamiento.

La oportunidad de dinero en efectivo es finalmente un punto de vista. La sensación de independencia de la carrera de ratas para, con mucho, la mayoría de la gente en el planeta cambia. Es el pensamiento de hecho agonizante sobre los deberes de efectivo o preguntas. Posiblemente implica que usted no tiene más obligación y que tenía la opción de tomar una gira no ensayada junto a sus amigos y familiares, mientras que no le dice que está agotado por debajo del jefe de pago y que le aconseje, "¡No!", debido a que la empresa necesita números más altos.

Tal vez tenga miedo de que las facturas se acumulen y de evadir a las autoridades de los cargos revelándoles que cobrará dentro de una semana prácticamente de esta manera, tendrá la opción de que su teléfono deje de sonar varias ocasiones. Algunas personas pueden sentir la independencia de la carrera de ratas como tener la oportunidad de comprar ese vehículo extravagante, la casa que siempre habían querido, o buscar extravagancias descabelladas. Ser libre monetariamente es la vibración de la seguridad por y para más adelante. Se puede lograr esto contribuyendo a hacer un cómodo montón de riquezas. Finalmente, lo que recomienda que para poseer la oportunidad varía de individuo a persona. La gente pasa por el dinero a tasas asombrosas.

Todo el mundo utiliza dinero en efectivo, y cada uno maneja su dinero de forma inesperada. Debido a esas inconsistencias, la independencia de la carrera de ratas se logra desde numerosos puntos de vista. La perspectiva de la oportunidad financiera se basa en el rápido desarrollo de su información sobre la espalda. Estos datos se adquieren mediante la lectura de artículos esclarecedores elegantemente compuestos sobre este tema. Algunos pueden no estar en situación de caracterizar la oportunidad financiera. Al leer los artículos cambiados dentro de los territorios de intereses limitará su búsqueda; en consecuencia, tendrá la opción de acercarse a sus objetivos.

Usted tendrá la opción de ver numerosos artículos en la web que puede ser de valor agradable que muestra enfoques para volver con planes creativos para ayudar a descubrir el éxtasis de dinero y averiguar su disposición de lo que propone ser monetariamente independiente. Los artículos esclarecedores elegantemente compuestos pueden cubrir grandes temas de elección. Muchos artículos pueden describir lo que es la oportunidad relacionada con el dinero y por qué casi todo el mundo en el planeta se esfuerza por conseguirlo. Las composiciones electivas son ejercicios de instrucción que le dan la dirección para encontrar su independencia de pensamiento natural de la carrera de ratas. La lectura y la aplicación de lo que lees en grandes artículos instructivos puede ayudarte a invalidar las dudas que tendrás y darte la fuerza y la seguridad para lograr un modo de vida monetariamente libre. Lograr la independencia predeterminada de la carrera de ratas podría parecer inalcanzable desde el principio. Mientras se enseña con artículos útiles razonables, podría tener la opción de comenzar a aventurarse a la abundancia colosal. Apuesto a que una mayor parte de la gente en el planeta ha procurado la libertad por sí sola sin la ayuda de dinero tarde pasar por el abuelo o alguna tienda de confianza de dinero nuevo. Acepto que cualquier persona normal puede lograr oportunidades de dinero.

Esencialmente se reduce a encontrar e inclinarse hacia el camino correcto que le espera a sus futuras fortunas. Es difícil llegar a la independencia de la carrera de ratas sin ver una posibilidad agradable que le formará y la razón al camino despejado en oro. Estos conjuntos de artículos financieros educativos le ofrecerán puntos de interés de varios proyectos como este que usted puede entender que le conviene porque no todos los proyectos se hacen de manera similar.

Ayudaría si usted apuntó a encontrar un programa que es una buena contraparte para su circunstancia de efectivo y quiere. Esta idea de la libertad monetaria puede aparecer como un sueño lejano. Sin embargo, una tonelada de usted filtra los datos adicionales que adquiere y la auto-importancia al establecer una elección sobre el camino que podría querer ir hacia abajo para recoger su fantasía de la oportunidad financiera. Mi recomendación sobre cómo llegar a ser monetariamente independiente es ser tan educado como se podría esperar. La lectura de sabios artículos educativos elegantemente compuestos le animará a lograr sus fantasías de estar separado de la carrera de ratas.

Capítulo 3

Hoy no he hecho nada pero he obtenido un sueldo: ingresos pasivos

El coste medio de los artículos de primera necesidad sigue subiendo año tras año. Sea como fuera, seamos sinceros, nuestros salarios no se están llenando en una medida similar. Lo que ocurre hoy en día es que unos cuantos tenemos que asumir unos cuantos puestos para tener la opción de ahorrar un montón de hasta desde hace un tiempo. En realidad, algunas personas necesitan tomar un par de a tres posiciones para soportar. Trágicamente, todos tenemos un alcance similar de 24 horas cada día. Si nos enfrentamos a situaciones diferentes, prepárense para ser sorprendidos. Nuestras 24 horas se quedan en 24 horas, y así se debilita una oportunidad ideal para el descanso y la familia. Trabajar más horas y una gran cantidad de ocupaciones puede garantizar, de vez en cuando, una mayor remuneración. En cualquier caso, llega un periodo en el que empezarás a preguntarte cosas. ¿Vale la pena? ¿Hasta dónde debes llegar hasta que el considerable esfuerzo y el insoportable trabajo que aportas con tu sudor y tu difícil labor empiezan a superar las ventajas que cosechas? ¿En qué momento te detienes y comprendes que la enorme fuerza de tu responsabilidad va a entregar tu salario de forma irrelevante? Aunque este grado de compromiso y diligencia es generalmente digno de elogio, no es normal hoy en día.

- Esto es con frecuencia explícita por lo que usted debe buscar técnicas de sustitución, donde su trabajo agotador será diseñado para la construcción de un negocio, en consecuencia haciendo que por fin el resultado para usted. Los productos de su trabajo deben beneficiarle, y usted al principio.

- Piensa en todas las personas influyentes de hoy en día y en cada una de las que les precedieron a lo largo de los tiempos. Intenta imaginarte qué tipo de punto de vista y postura tenían a lo largo de la vida cotidiana. Lo creas o no, la disposición es evidente.

- A excepción de estos a la herencia concebida, esas personas rara vez eran perezosas; no podían serlo. Estos individuos tenían sus necesidades bien y sabían explícitamente que debían coordinar su energía - en hacer que su negocio funcionara para ellos.

- Eligieron hacer un inventario de la paga todo solo en lugar de poner horas valiosas en un trabajo estancado nunca obligado a recorrer excesivamente hasta tal punto. ¿Existe una manera de lidiar con traer una cantidad de dinero sin trabajar un montón de horas constantemente? Efectivamente, la hay. Se conoce como ingresos fáciles.

Esto no puede ser un lugar de trabajo y obtener rico-ahora tipo de la respuesta, de todos modos una forma de sustitución para voltear continuamente a, una forma que impulsará la prosperidad, así. En la posibilidad de sonar demasiado tosco, la resistencia simple no es cualquier enfoque para ir por la vida, especialmente a partir de ahora cuando un universo de azar es justo antes de nosotros. Los ingresos fáciles implican esencialmente que usted aporta su dinero o sus activos para que trabajen para usted. El pago fácil, en el centro, le concede traer mucho dinero sin realizar mucho trabajo.

Mientras que podría requerir un poco de esfuerzo y tiempo hacia el principio, que no será el caso una vez que su marco de ingresos fácil está listo para la acción. Estarás trabajando menos y adquiriendo una gran parte. A pesar de que hacer el avance y la creación de un negocio de ingresos automatizado eficaz podría ser una tarea que solicita, desde el principio, puede tomar el cuidado de más tarde. La oportunidad, la independencia y todo, excepto la administración completa de su propio tiempo, es una parte de las ventajas de tal empresa. En verdad, los movimientos iniciales hacia su marco de ingresos fáciles requerirán trabajo, normalmente incluso trabajo laborioso; de todos modos, el objetivo superior lo hace todo beneficioso. Una forma de verlo muy bien puede ser esta: dentro de un año, con un esfuerzo fiable, estarás bien en tu camino hacia la oportunidad y la seguridad.

Muchas personas trabajan toda una vida para conseguir este objetivo, exclusivamente para lograrlo a una edad avanzada. El mundo en el que, en general, acabaremos hoy está progresivamente abrumado por la innovación. Algunas voces advierten de la creación "aferrándose a nuestras posiciones", subestimando el esfuerzo y el trabajo humano, de todos modos están descuidando la decisión de la gran imagen. ¿Quién desearía una ocupación pesada y meticulosa si un sustituto puede ser ganar dinero desde la comodidad de su sillón? Con los avances persistentes e innovadores llegan sectores de negocio totalmente diferentes, por lo tanto una gama completa de fuentes de pago, a lo largo de estas líneas efectivamente disponibles para millones. En concreto, en este libro vamos a echar un vistazo a las fuentes de ingresos fáciles en línea. Descubrirá cómo intentar utilizar la publicación independiente de Kindle, Amazon FBA, sitios especializados, publicidad subsidiaria, exhibición de correo electrónico y seminarios en línea en Udemy. Estos marcos no necesitan molestar con' una tonelada de en las especulaciones a través de capital.

Tendrá que colocar el trabajo hacia el inicio y el viaje de ese punto cuando todos son plenamente operativos. Una vez que éramos simplemente adolescentes, una gran cantidad de nosotros se animó a que es más inteligente para intentar nuestro trabajo de la escuela, mientras que volvimos a casa. ¿Por qué? Tendemos a poseer energía extra para apreciar más tarde, y no tendremos preocupaciones respecto a que nuestros compromisos destruyan nuestros buenos tiempos. Por no decir que no habrá ninguno de esos horrendos minutos en los que el tiempo expira y te metes de lleno en las tareas. De hecho, los ingresos fáciles podrían ser una carga como conseguir su trabajo hecho cuando usted está en casa.

Usted se pondrá en el trabajo de inmediato, sin embargo, con el punto de tener una tonelada de tiempo para relajarse más tarde. Siendo las cosas como son, ¿dirías que estás preparado? En caso de que lo estés, pasa la página y qué tal si empezamos. Los ingresos fáciles son los que adquieres mientras no haces una gran cantidad de trabajo o trabajas impresionantemente menos, es decir, mientras estás "inactivo". Los ingresos dinámicos son los que adquieres al ser utilizado. Los ingresos automáticos son los ingresos en sus cuentas bancarias o los intereses en las cuentas del Tesoro. La paga emocional es el gasto de experto que usted procura por entregar administraciones de consultoría. El pago fácil es la adquisición de ingresos de alquiler de la unidad de condominio que está alquilando. Es el dinero que entra en su bolsillo gracias a un marco (en un mundo perfecto) de autogestión que ha creado. Las necesidades dinámicas funcionan. Las condiciones de inactividad, poco o nada en ningún sentido. Adquirir un negocio activo es, además, menos trabajo que

3.1 Bienvenido al mundo de los ingresos pasivos. Apesta. Te va a encantar.

Comenzar un negocio en línea y transformarlo en monetariamente libre es actualmente una sugerencia razonable para cualquier individuo que incluya una PC y acceso a Internet. De una amplia gama de maneras por las cuales ir en relación con hacer esto, algunos ofrecerán un retorno razonable para sus esfuerzos, de todos modos lamentablemente, numerosas organizaciones en línea no tienen éxito, y la gente está trabajando en ellas descuidan para procurar lo suficiente para que sea beneficioso. Hay múltiples casos en los que alguien ha compuesto un libro electrónico, lo ha descubierto, o ha abierto un local de venta en línea, para buscar que no hay ningún partidario, la mejor manera de dar forma al dinero en cualquier lugar es tener que pagar a los clientes; el truco es la manera de conseguirlos. Hay algunas maneras razonables de conseguir clientes o tráfico a su sitio. Este libro es sobre las estrategias rentables demostradas que usted podrá utilizar para reunir los ingresos fáciles a largo plazo de la web.

Una parte de las cosas que funcionaban unos años antes ya no son prácticas porque la red cambia, se desarrolla y avanza continuamente. Con 3.500 millones de clientes existentes que utilizan la red a diario y otros tres mil millones de clientes probables en África, India, China y el resto de Asia, el cielo es el punto de ruptura para nuevas organizaciones brillantes y una fuente de pago infinita. Actualmente es la oportunidad razonable para conseguirlos de esta manera conocida como "máquina de hacer dinero". Es posible que desee el tráfico, la sustancia de la calidad, y se establece para intentar el trabajo real (con frecuencia en lugar de una tonelada de trabajo). Sin embargo, el mero hecho de cumplir con el trabajo no es ninguna garantía de logro; usted debe estar trabajando en las regiones apropiadas y haciendo las cosas correctas. Ganarse la vida con un "ingreso fácil", como se le llama, podría ser un término que se utiliza actualmente para retratar la paga que la gente obtiene de la web. Se alude a los ingresos fáciles porque, en principio, una gran parte del trabajo está hecho de antemano, y después, usted se detiene por un momento y obtiene los beneficios de su trabajo con poco trabajo incluido. En el aviso, cualquier negocio en línea puede requerir apoyo progresivo. La suma requerida depende de la situación, su aplicación y el artículo que está proporcionando.

Hay numerosos estilos asombrosos de organizaciones web que comienzan desde individuos que requieren una contribución regular hasta algunos que están totalmente mecanizados. Algunas organizaciones web son razonables y con los pies en la tierra, maneras de ganar dinero en Internet. Unas pocas personas se han mantenido en contacto con alguna innovación única con licencia, por ejemplo, un libro electrónico, un curso en línea, entradas de blog, o comparables, en ese momento estableció una tienda en línea para avanzar en su artículo. Ya sea que estén hechos o elaborados por el administrador u obtenidos de varias fuentes, hay una medida considerable de su tiempo y energía que se espera para arreglar la situación y ajustarla.

Cuando esto es hecho y su sitio tiene vida, usted en ese punto necesitará jugar fuera de varios emprendimientos que muestran como avanzando su sitio o puestos y asociando con personas vía medios en línea. Encontrar destinos o lugares similares y dar entrada y comentarios de calidad podría ser una técnica agradable para anunciar su sitio en la medida en que se hace en una metodología positiva. Un buen blog o sitio tiene nueva sustancia de calidad añadida constantemente para instar a la gente a seguir regresando en ese punto, no sólo precargado con sentido y dejado a deteriorarse. Una parte significativa del material en un blog o sitio puede volver de otra persona que usted recluta para componer la entrada en su lugar. Sin embargo, usted es la persona que tiene que modificarlas, planificarlas y gestionar toda la actividad.

Supongamos que necesitas tomarte el tiempo y adaptarte para enmarcar un sueño como el de arriba. En ese caso, es una manera sensata de hacer un ingreso fácil durante algún tiempo, aunque usted necesita vivir con usted mismo dándose cuenta de que sólo está estafando a la gente (por lo general las personas urgentes que no pueden manejar el costo de la misma). Hay pocas dudas de que un par de individuos harán un dólar directo en la red. De todos modos, un gran número de personas puede luchar al principio, pensando que es implacable para el marco equivalente a lo que haría en la posibilidad de que usted tenía un trabajo convencional. En cualquier caso, si usted está configurado para poner en el tiempo y la energía requerida, es una técnica aguda y sólida para suministrar un pago a largo plazo por enfermedad.

La construcción de un fuerte desde hace bastante tiempo corre, los ingresos fáciles en la web necesita numerosas cosas; el más significativo es tener el tráfico. El tráfico es el término utilizado para retratar a las personas que vienen o visitan su sitio. Es una receta simple: una tonelada de personas que visitan su sitio, el dinero extra que tendrá, la opción de hacer; sin tráfico, no hay dinero en efectivo, y punto. No importa cuán brillante o cuán modesta sea su oferta de artículos o administración. Si no hay nadie que lo resuelva, en ese momento, nadie puede conseguirlo. La segunda cosa extremadamente fundamental hace que piensen que diferentes personas necesitan y te pagarán para conseguirlo. El siguiente factor esencial es su credibilidad en la web. Esto, al igual que el tráfico, tomará el tiempo que sea necesario para conseguirlo, sin embargo, hay algunas maneras diferentes de apresurarse a conseguirlo. Usted tendrá la opción de comprar un resumen de correo en la web con cientos y generalmente una gran cantidad de direcciones de correo electrónico, sin embargo, estos son comunes de poco costo por algunas razones. Estas listas son pasadas y han sido utilizadas por numerosas personas para vender sus cosas; en consecuencia, el nivel de reacción es bajo.

La explicación contraria estas escorrentías son de valor cuestionable es debido a su más inteligente para esforzarse y ganar calidad conduce de individuos que han comunicado un interés en independientemente de que usted está dando en lugar de simplemente terminar los mensajes que pueden completar en el spam de muchas personas o registros de correo basura. Si incluso se mueve más allá de sus bloqueadores de spam. Este libro puede investigar treinta estrategias totalmente inesperadas para hacer un ingreso fácil de todo el término. Puede educar a usted en relación con algunos de sus tremendos y peligrosos enfoques, ventajas y desventajas, por lo que va a hacer una elección educada en la mejor metodología para que usted continúe.

3.2 Ingresos pasivos: Tanta belleza, tanta gracia

La mayoría de las personas coinciden en que la forma de progresar es la determinación. Son reacios a iniciar detrás de la carrera. Estas personas proactivas han demostrado que consiguen ser constantes en su vida. Por otra parte, los apáticos no tienen ningún problema porque no tienen nada más. Estas personas han decidido ser posteriormente. Suena razonable, ¿no es así?

No obstante, este equilibrio es una reliquia de tiempos pasados. Si esta puede ser nuestra actitud, en general, podemos sorprendernos de la increíble fortuna de los individuos que han aplicado menos esfuerzo y de la decepción de los individuos que han dado un esfuerzo valiente. Esto no implica que la vida esté fuera de lugar. En verdad, tendemos a adquirir lo que hacemos y lo que, en general, no hacemos. Lo anterior se alude como pago dinámico; lo último mencionado, no implicado. El pago emocional es el que producimos, en la medida de lo posible, a partir de nuestro arduo trabajo. En el momento en que, en general, trabajamos por dinero, es una paga dinámica. En cualquier caso, cuando es nuestro propio dinero el que trabaja para nosotros, es un ingreso fácil. Los ingresos fáciles son un pago que, en general, crearemos a partir de nuestra especulación.

Las instrucciones paso a paso para crear ingresos automáticos sin mediación dinámica no es una especie de brujería que todo el mundo pueda tener. ¿Cómo hacer pagos automáticos? Los ingresos cómodos se crean cuando nuestro emprendimiento procura debido a nuestra elección razonable. A tal precio, tendemos a se obtiene la decisión que en general formaremos y por el peligro que obtendremos en la toma disponible. Cuando nos aterrorizamos de contribuir, tendemos a no conformarnos con ninguna decisión.

Por lo tanto, no pasa nada con nuestro dinero. Para obtener ingresos fáciles, deberíamos decidir legítimamente sobre qué y cuándo contribuir y no elegir sobre no contribuir. En general, deberemos calcular conjuntamente el peligro - cuanto más alto sea el peligro, más alto será el ingreso. Cuanto menor sea la oportunidad implica que, cuanto más se necesita para obtener el rendimiento esperado. Depende de quiénes seamos y de qué aventura se adapte a nuestro carácter. Las personas proactivas suelen estar situadas profesionalmente en consecuencia. Pueden producir eficazmente una remuneración dinámica. Por el contrario, los individuos tolerantes son jefes astutos y personas atrevidas. En la actualidad, la pregunta es qué tipo de trabajadores debemos ser.

Los trabajadores dinámicos tienen la plena administración de la cantidad que pueden conseguir. De todos modos, hay un corte en la cantidad ya que hay un punto de ruptura en su energía y tiempo. Al final, cuando dejen de hacerlo, también lo hará su salario. En cualquier caso, los trabajadores latentes son más productivos, ya que se deleitan con la capacidad ilimitada de conseguir mucho con menos energía. Además, los trabajadores distantes pueden ser trabajadores dinámicos y distanciados. Los ingresos automatizados merecen mucho la pena. No es molesto darse cuenta de cómo conseguir el pago automático.

Hay una pila de datos alcanzables a nuestro alrededor que nos ayudarán a aprender a empezar con esto. En su mayor parte, hemos oído hablar de la contribución, y entre los apoyados son la bolsa de valores, los valores, los activos compartidos, la protección, el plan de beneficios, y las notas de depósito. Antes de donar, es imperativo examinar la especulación de su decisión. Tendemos a que no debemos ser los manitas. Lo que es significativo es que, en general, comprender la oportunidad y la capacidad del mercado que necesitamos para entrar y empezar pequeño básicamente para un esfuerzo.

Con el paso del tiempo, adquiriremos conocimientos y dominaremos el mercado que hayamos elegido en general. Con la llegada de la innovación, se ha vuelto más sencillo obtener datos adicionales para cualquier campo de intento. La web ofrece varios aparatos que necesitamos para estar preparados. La principal parte crítica de cómo obtener ingresos automatizados es nuestro punto de vista hacia la empresa. Algunas personas esperan que la empresa esté terminada para apoyar nuestras necesidades diarias, lo cual es una idea fuera de base. Asumiendo de esta manera, no es una tonelada de experiencia. Es trabajo. Nuestra necesidad inmediata puede ser apoyada exclusivamente por la paga dinámica. Depender de la especulación para las necesidades cotidianas es una fuga. Tendemos a trabajar para vivir y, en general, contribuimos porque aseguramos nuestro mañana. Los auténticos financiadores están situados en el futuro. No ganan dinero explícitamente de inmediato.

Sin embargo, su dinero los hace. Esa es la razón por la que elegimos esta condición de forma latente. La necesidad de todo el mundo en estos días no es exactamente la misma que nuestra necesidad más adelante. Nuestra prisa podría querer ser respondida por nuestra actividad cercana, y los resultados rápidos nos hacen desarrollar. Sin embargo, los ingresos automatizados no es una cosa que debe hacernos crecer.

Es una cosa que tendemos a desarrollar. En consecuencia, independientemente de lo que, en general, vamos a procurar en la actualidad es lo que, en general, vamos a necesitar ahora. La paga dinámica es la impresión de lo que tendemos a hacer a partir de ahora. El comportamiento adecuado hacia los ingresos automatizados es considerarlos como una sustancia viva diferente. La paga dinámica es la cosa que tendemos a requerir ahora. Además, un ingreso cómodo es una cosa que nuestra empresa quiere ahora mismo. Es el tipo de mascota que tendemos a criar. ¿Qué pasa con el negocio? ¿Es una paga muy dinámica o inactiva? Verdaderamente, es la mezcla de ambos.

Un especialista en finanzas controla eficazmente sus flujos de efectivo para respaldar sus necesidades diarias y, al mismo tiempo, salvar algún segmento más prominente para su negocio como un elemento diferente. No obstante, las organizaciones progresan hoy en día, dependiendo de su tamaño. Las organizaciones enormes son generalmente reclamadas por un ámbito de individuos aludidos como inversores. Reclaman a los jefes e incluso a los directores generales para que controlen sus tareas con eficacia.

3.3 Dinero fácil sin tener que trabajar por él

De ordinario, interceden a gran escala. En cualquier caso, su administración y su energía están limitadas por el salario crítico que obtienen cada año si sus empresas se desarrollan persistentemente. Para estas personas, estas enormes empresas son su fuente de ingresos fáciles. Para los gestores de poco dinero, deben aplicar todo su trabajo para su empresa. Experimentan dificultades para hacer que sus organizaciones se desarrollen porque dependen conjuntamente de la paga dinámica de trabajar para sus organizaciones. ¿Implica esto que para conseguir ingresos automatizados, deberíamos tener una enorme financiación para teorizar? Básicamente, no. Tendemos a hacer como tal poniendo recursos en porciones de acciones, incluso en una medida más modesta de efectivo.

Esto es frecuentemente obvio con las finanzas compartidas que reúnen intereses especiales en una cantidad minúscula para convertirla en una enorme especulación. Esto implica que tendemos a crear ingresos fáciles como gigantescos financiadores. Más o menos, debemos ser aconsejados cómo obtener pago automatizado mientras mantenemos nuestra paga dinámica, no para intercambiar la armonía entre estos dos surtidos de circunstancias favorables. Las instrucciones para obtener ingresos automatizados es seguir siendo nuestra paga activa. Antes, era más allá de la mente creativa de todo el mundo para enmarcar el dinero sin aplicar un poco de energía o esfuerzo. En la medida en que, en general, aceptamos, la fortuna está en nuestras manos.

Por lo tanto, en cualquier momento tendemos a escuchar que es ahora mismo potencial para traer un poco de dinero en efectivo en línea, tendemos a sin duda preguntarse si debe o no aceptar. Algunas personas deberían haber intentado mirarlo por sí mismas en los últimos tiempos. En el pasado no tan lejano, uno en todo acerca de los patrones estándar de primer nivel para hacer algo de dinero a través de la web fue el intercambio de comercio exterior en línea. Muchos lo han intentado, y me he vuelto incierto porque lo más probable es que sean recogidos por los ejercicios de algunos comerciantes falsos. Sin embargo, en la remota posibilidad de que busquemos a fondo en la web, nosotros, en general, podríamos ver más locales creíbles donde tendemos a podría intercambiar y construir dinero en efectivo. A lo largo de estas líneas, hay realmente numerosos individuos que han comenzado a poner incluso en una modesta cantidad de dinero. La mayoría de los aficionados pueden haber encontrado algunas desgracias inevitables. Algunos de ellos pueden haber mezclado más capital y comenzado a ganar algo de dinero. Quien ha intentado este modelo de hacer dinero, es fanático de los ingresos automatizados en línea. Desafortunadamente, uno traerá dinero a través de la red. Hay técnicas cambiadas para construir un pago en línea fácil.

El patrón principal conocido en la actualidad es la venta a través de los miembros. Si tendemos a escuchar estas palabras, la impresión crítica puede ser que esto puede ser simplemente un plan de venta en línea más si no un truco. Sin embargo, esto puede ser genuino. Esto es con frecuencia más que básicamente la venta. Se trata de un verdadero negocio. Para comenzar con la fase ascendente de tal negocio en línea, debemos pagar nuestro tiempo, dinero y energía.

Además, normalmente, tenemos que hacer algunos acabados. Un socio es un individuo que promoverá y venderá el resultado de los titulares de la propiedad de ubicación que están previendo cualquier individuo que hará tal. Sea como sea, no es lo mismo que la venta de campo. La venta de socios no obligará a nadie a figurar fuera de su casa. Aunque necesita la producción de un sitio o revistas en línea, la participación en muchas reuniones, y el avance de artículos, esto no es frecuentemente perpetuo porque cuando todo está equipado, sus destinos envolverán para usted como un robot que sirve a su señor. Los ingresos automáticos en línea se realizan cuando se produce una adquisición de un artículo en línea. Los miembros ampliarán el pago automático en línea en un alcance increíble de maneras que. Un modelo regular se propone que de la composición del artículo. Usted puede gestionar y presentar sus informes a varios índices de artículos.

Sin embargo, recuerde que debe enviar un único artículo una sola vez porque cualquier otro alojamiento del duplicado de un informe similar a otro sitio se considera spam. Usted compondrá otro ensayo similar hilado. En nuestro artículo, podríamos incrustar algunas conexiones que pueden guiar a los visitantes a su sitio. El contenido de sus artículos no tiene por qué parecer un anuncio de publicidad directa. Debería ser esclarecedor de este modo que podría atraer a más invitados. De hecho, incluso la sustancia de los artículos puede afirmar el tráfico. Utilizando algunas palabras clave convincentes para mejorar el índice web, los visitantes que pueden componer palabras similares en sus artículos querrán decidir sus documentos dentro de los elementos de consulta. El objetivo de la exhibición del artículo debe ser conducir el tráfico a su sitio con la ayuda de sus artículos.

Recuerda que lo importante no es el post. Las perlas deberían reconocerle en su campo de habilidad. En el momento en que usted construya su validez, los usuarios podrán seguirle a usted y a su conexión. Escribir para un blog podría igualmente ayudarle a conseguir el posicionamiento dentro de los resultados del índice web. Típicamente, una entrada de blog o una pieza que usted hace probablemente no clasificará dentro de los resultados del rastreador web. Independientemente de las frases hechas, que recuerde para sus artículos para mejorar el buscador de Internet, no parecerá figurar para usted. Se sugiere que virtualmente se unan a algunas reuniones en algunos sitios de alto posicionamiento a lo largo de estas líneas. Si es posible, debería presentar algunos artículos a ellos. Hay diferentes maneras que usted nunca debería realmente hasta los ingresos automatizados en línea. Usted comenzará a procurar exclusivamente si su sitio tiene algo de tráfico.

Para conseguirlo se necesita tiempo y energía. En la etapa principal, usted está esencialmente comenzando a fabricar el perfil que podría atraer a los visitantes individuales a ser dicho una tonelada para usted y su producto. De esta manera, la fabricación de los ingresos en línea fácil no es una ocupación sencilla en el principio porque el principio constantemente toma mucho tiempo.

3.4 La llave maestra para la creación de riqueza y la libertad financiera

El primer paso es percibir qué son los ingresos pasivos y en qué se diferencian del pago que se obtiene operando un trabajo por horas o asalariado. Las diferencias son esenciales porque indican el camino hacia la libertad monetaria. Si quieres ser tu jefe y el dueño de tu destino, los ingresos pasivos son el medio para hacerlo. Aunque utilices un término diferente para describirlo, ya entiendes lo que son los ingresos activos. El ingreso activo es el tipo de pago que requiere que usted interactúe activamente en el trabajo durante un tiempo de cobro antes de ganarlo. Por ejemplo, si tienes un empleo que te paga por horas, recibes dinero sólo por las horas que trabajas. Se trata de un ingreso activo porque se requiere su actividad de forma constante si desea ganarse la vida. Un equivalente es real de un empleo en el que ganas un sueldo. Se espera que intentes abundar en el trabajo a cambio de tu compensación.

Debes presentarte en el trabajo a tiempo, trabajar un rango de horas en grupo y completar las tareas que son la mitad de la descripción de tu trabajo para ganar tu salario. Incluso se le pedirá que realice horas adicionales sin más remuneración si es un empleado con estatus de exento. Por último, el trabajo por cuenta propia se califica además como renta activa. Los autónomos sólo cobran por el trabajo que realizan. Si se enferman y no pueden terminar una tarea o trabajo, no ganan nada. Actualmente, distingamos esto de los ingresos pasivos.

Los ingresos pasivos son ingresos que pueden necesitar algo de trabajo para alinearse. Sin embargo, una vez que has establecido un flujo de ingresos pasivos, normalmente sólo necesita un mantenimiento mínimo para que el dinero siga fluyendo. Estudiemos un ejemplo sencillo. Si escribes un libro electrónico, debes pagar tiempo y energía para escribirlo. Tienes que contratar a un editor y a alguien que diseñe la cubierta del libro, y tendrás que asegurarte de que está en el formato adecuado para venderlo en Amazon. Sin embargo, una vez que el libro esté terminado y a la venta en el sitio web de Amazon, ganarás dinero cada vez que alguien lo compre. Eso es lo que hace que los ingresos sean pasivos. Si alguien compra una copia mientras estás de vacaciones o durmiendo, sigues ganando dinero. Espero que estés empezando a determinar por qué los ingresos pasivos son la respuesta para lograr la libertad financiera. En lugar de añadir más horas a tu jornada laboral, los ingresos pasivos pueden hacer que tengas la posibilidad de calcular menos horas y seguir ganándote la vida.

3.5 Por qué son importantes los ingresos pasivos

Ahora debemos hablar de por qué es tan importante tener fuentes de ingresos fáciles. El individuo ordinario no va a procurar una compensación inmensa. Válido, un puñado de personas elegidas, adquieren enormes tasas de pago como CEOs o en varias posiciones de alto govt. Otros pueden ser asesores populares que pueden cobrar enormes tarifas por hora. Sin embargo, para la mayoría de las personas, nuestro potencial salarial no es tremendo. Tendemos a estar confinados por nuestra escolaridad, experiencia y el número de horas que genuinamente (e intelectualmente) ahorraremos para el trabajo.

Los ingresos automatizados descargan perspectivas que en ningún caso pueden existir. Nos permite ganar dinero de maneras que no necesitan largos tramos de esfuerzo adicional en una premisa continua - y eso es inmenso. Si encuentras que trabajar durante largos periodos descifra tener una cantidad limitada de tiempo con tu familia - o que estás dejando atrás las libertades para intentar hacer lo que te entusiasma - en ese momento, los ingresos fáciles pueden hacer la diferencia.

Los ingresos fáciles son importantes porque es una paga que puede, sin mucho esfuerzo, mejorar su compensación dinámica - y a largo plazo, puede incluso suplantar sus ingresos activos. Su beneficio con la paga emocional es limitado, y depende del número de horas que se utilice, además de su formación y su historial laboral. Los ingresos fáciles no tienen esas limitaciones. Tienes una supervisión ilimitada sobre ellos, lo que implica que nadie los cubrirá. El hecho de que tendrás la opción de adquirirlo aunque estés descansando, jugando con tus hijos o en el campo, implica que tienes la libertad de hacer lo que quieras con tu tiempo. Como tendrá la opción de ver, los ingresos fáciles contrastan esencialmente con la paga dinámica. El dinero es dinero; de todos modos, el dinero que adquiere de los flujos de ingresos fáciles es el tipo de dinero que puede liberarlo de la rutina monótona y permitirle buscar las cosas que generalmente son importantes para usted. En la siguiente sección, hablaremos de las preferencias y los peligros de los ingresos fáciles con más detalle, para que se dé cuenta de lo que le espera al correr tras la fijación de los flujos de ingresos fáciles.

3.6 Formas de obtener ingresos pasivos en línea

En las siguientes partes, generalmente tomaremos un informe decente una parte de las formas magníficas que usted tendrá la opción de comenzar a procurar ingresos fáciles a través de Internet.

Estos son Kindle publicación independiente, Amazon FBA, sitio de especialidad avance, una rama de promoción, correo electrónico mostrando, y cursos en línea como Udemy.

¡Mucho más amplio que el alcance de las diferentes áreas, sólo empezar en Internet, es el número de formas en las que se moverá hacia cada uno de ellos!

Sin embargo, con un almacén de oportunidades también vienen algunas cosas a las que hay que prestar una atención única. Ya sea que usted debe esperar para esquivar o arrebatar ellos, tenemos una propensión tore preocupado por cubrirlo. Sin más preámbulos, deberíamos entrar en materia.

Capítulo 4

Mantenga la calma y gane a través de Amazon: FBA

Amazon FBA - o Fulfilled by Amazon - es un programa que le permite vender su producto en la tienda online de Amazon. La satisfacción de los pedidos es potencialmente la mayor prueba a la que se enfrentan numerosos empresarios en línea, sin embargo, con FBA, es una brisa. Tendrá la opción de almacenar su producto en Amazon, que será el que se ocupe de las cosas estratégicas, por ejemplo, el almacenamiento, el transporte a los compradores, el cuidado de las preocupaciones una vez que los negocios, y dar asistencia al cliente decente. Esto te permite centrarte en lo principal: ofrecer a los clientes artículos adecuados y que valgan la pena. Es muy posible que en este momento quede claro que Amazon es uno de los líderes en lo que respecta a la introducción de nuevas y profundas aperturas de negocio para que casi todo el mundo se beneficie de ellas.

Este capítulo le guiará a través de todo lo que necesita saber para comenzar a cumplir con Amazon para su ingreso pasivo.

4.1 Paso a paso

Para empezar a vender en Amazon, hay que dar varios pasos:

•   Regístrese para obtener una cuenta de vendedor de Amazon. Obtener una cuenta de "vendedor" de Amazon es el primer paso. Hay dos tipos de actuación para el vendedor - "individual" y "profesional" Es gratuita para los particulares y le permite "listar" artículos que ya existen en el catálogo de Amazon. Cada vez que se vende un producto, se paga una pequeña cuota.

•   Esto le da la capacidad de * crear * códigos de barras para GS1. Vienen en dos formatos: UPC (Código Universal de Producto) y EAN (Código Universal de Producto) (Número de Artículo Europeo). Mientras que estos pueden ser comprados relativamente barato ($ 10), para la normalización, Amazon, Google y eBay recomiendan encarecidamente el uso de GS1. Puede hacer que sus productos sean reconocidos por empresas como Amazon utilizando GS1.

•   Crear una empresa legal (Opcional) Necesitarás una empresa legal si quieres montar una operación simple de FBA (y una cuenta bancaria). Te permite gestionar mejor los impuestos, además de dar a Amazon la posibilidad de abrir una cuenta comercial (que es notoriamente mala para invertir tu propio dinero a título personal).

- A continuación, debe obtener un conjunto de versiones en caja del artículo. Comprar/construir productos en caja Si crea el producto usted mismo, tiene que ponerlo en cajas estandarizadas. Como hay muchas maneras de hacerlo, sólo diremos que debe buscar una empresa de cajas/impresión que se encargue de ello. Hay muchas capaces.

- Enviar los productos a Amazon Tienes que enviarlos a Amazon una vez que tengas los productos en caja. Esto se arregla a través del sistema de vendedores de Amazon; permitiéndote elegir cuándo en el almacén de Amazon se deben recibir los productos. Una vez más, debido al nivel de variación en el proceso, es mejor decir que usted debe seguir las guías de Amazon para hacer esto.

Empezar a vender. Esta es la parte más difícil, que se explica a continuación.

El programa FBA podría ser una magnífica ilustración, esencialmente, cómo una tonelada de innovación, fundamentalmente Internet, influye totalmente en nuestra capacidad de aprender nuestro propio negocio. Considere lo abundante que tendrá la opción de mejorar y unir su emprendimiento en la remota posibilidad de que esté desprovisto de los trabajos principales que solicitan preeminentemente, que he expresado, son a veces la coordinación. La nueva oportunidad en su calendario dará tiempo suficiente para la adquisición de producto y la ampliación de la elección de su variedad, el establecimiento de asociaciones con los proveedores de calidad, y así sucesivamente. Esta es una excelente y gigantesca posición preferida desde el principio en contraste con la electiva implica que de las ofertas en línea. Es increíble entender que tendemos a vivir durante un período en el que un pequeño negocio, tan poco como el interés incluso, puede simplemente unirse y comenzar a ayudar a un agregado que es Amazon. Lo que es más, no sólo coordinar, de todos modos, directamente recibir las recompensas de su fundación increíble para impulsar su pago.

4.2 Amazon FBA vs. Una tienda online

Además de ocuparse de las cosas estratégicas, hay diferentes razones por las que Amazon FBA es mejor que adaptarse y ocuparse de su tienda online. La primera es un envío más rápido. Con el amplio alcance de mercado de Amazon y sus calculadas capacidades, no se necesita mucho tiempo para que su personal desee a sus clientes. Diferencia esto con hacer la entrega tú mismo. Esto no sólo le ayudará a satisfacer más fácilmente a sus clientes, sino que el transporte rápido también amplía la variedad de productos que venderá. Los productos delicados en el tiempo que pueden terminar, o en cualquier caso aguantar a causa de las medidas de retraso en la entrega, son uno de esos modelos. Con la seguridad de una empresa especialmente espectacular, los envíos rápidos son una posición preferida apenas conseguida cuando se está por ahí sin ayuda de nadie.

En segundo lugar, FBA le da a su artículo en conjunto una tonelada de apertura que si usted lo vende al por menor a usted solo. Esto se debe a que Amazon es el minorista en línea más importante del planeta - ¡considerablemente más importante que la mayoría de los minoristas reales de opciones! Al tener su artículo en Amazon FBA, se deleita de una excelente permeabilidad más alta y, muy probablemente, ampliamente un mayor número de ofertas que si lo haría en su tienda en línea. La autonomía completa podría tener un atractivo, de todos modos la creación de un aspecto y hacer de pie por sí mismo puede requerir una larga tonelada de trabajo engorroso y la responsabilidad. Además de ser debilitante, los peligros y las posibilidades de decepción si lo haces sin ayuda son considerablemente más significativos. Al ver que estás leyendo un libro sobre los ingresos automatizados, es probable que no seas muy enérgico con respecto a la posibilidad real de colocar largos tramos de trabajo en un esfuerzo que no se hará cargo de sí mismo. En tercer lugar, hacer su artículo realista en FBA de Amazon otorga a sus clientes el beneficio de su transporte gratuito dentro de un par de días y diversas decisiones de transporte comparativo. Una vez más, esto puede ser una posición estratégica favorable que puede utilizar para vender sus artículos productivamente. Además, esta y varias ventajas ofrecidas a los clientes de Amazon son unas de las razones por las que esta etapa aprecia una amplia base de clientes en todo el mundo. Esto puede ser explícitamente cómo funciona este marco general lucrativo implica significativamente que da a todas las reuniones su corte de pastel. Por último, FBA le ofrece - como un distribuidor en línea - una gran cantidad de validez requerida porque de sólo poner, Amazon es uno de los principales confiado en las marcas en el mundo. ¿Se imagina que es tan valioso apoyarse en la posición de 1 como Amazon? Deslumbrante, ¿verdad? Esto nos lleva de nuevo al tema de hacer de pie por sí mismo como un minorista en línea, ya que esta progresión de los métodos no es problema en FBA.

Por lo general, se requiere que usted obtenga una opinión positiva y garantice una base de clientes felices, sin embargo, el grado en que FBA fomenta esta estrategia es realmente importante. En caso de que surja algún problema después del envío, los trabajadores profundamente talentosos de Amazon se ocuparán de la finalización de sus administraciones de clientes y cualquier queja o aprehensión común. En lo que se refiere a los partidarios, están gestionando Amazon. Al mismo tiempo, te conviertes en un factor integral como un extraño que da el artículo y está avalado por la eminente empresa Amazon.

4.3 El producto es la clave. No se deje llevar por el pánico Siga cazando el producto adecuado

Vender el artículo correcto es el factor más esencial para prevalecer en FBA. Por lo general, se trata de artículos menos costosos, efectivamente enviados y con peligros insignificantes relacionados con el transporte. Sus artículos deben ser referidos como artículos que aparecen rápidamente y dentro de la condición garantizada. Esto puede ser más difícil de lograr con los tipos de documentos vinculados, por lo tanto, sea consciente de lo que podría querer entrar, ¡especialmente al principio! De esta manera, ¿cuáles son las cosas que hay que reflexionar para aparecer en el artículo "correcto"? Estos incorporan, entre otros: Lo ideal es que el producto esté dentro de la fluctuación de 10 a 50 dólares. Tal cosa se vende más y es la más sencilla de vender. Este cambio es casi perpetuamente una gran cantidad de o menos un pase de valor específico para el progreso, a lo largo de estas líneas comúnmente denotan el lugar adecuado para comenzar su negocio. El peso: Sus artículos deben pesar lo menos posible. Generalmente, dentro del interés del transporte, poniendo lejos, y así sucesivamente, el producto más ligero puede estimar menos en estas regiones. Sin embargo, una coordinación más barata no es la única motivación para optar por artículos ligeros. Cuanto menos miden, menos probable es que sean delicados; por lo tanto, la posibilidad de cualquier problema común con el transporte disminuye significativamente. Rivalidad: Al igual que en cualquier otro lugar donde la venta se produce, FBA podría ser un centro comercial como el otro en cuanto a la rivalidad. Decida si tiene alguna rivalidad real y potencial del artículo entre los primeros cinco, 00zero hit rank, o BSR en la clasificación esencial de su artículo. Asimismo, asegúrese de que no tiene rivalidad de nombres notables en su especialidad o clase elegida, ya que esto es regularmente un fuerte ejecutor de la rivalidad.

Por lo general, es un acuerdo decente para permanecer eliminado de los peces gigantes, sobre todo si usted es el tierno. Los sectores o especialidades de negocio empaquetados, acorralados o, en cualquier caso, llenos, son otra cosa que hay que eludir. Otro lado de la oposición que debe mirar es que las encuestas. Cuanto más auditorías necesiten, sobre todo seguras, más significativa es la resistencia y, posteriormente, la prueba de irrupción en el mercado. La posibilidad de que las auditorías en los artículos contendientes son menos de cincuenta demuestra una probabilidad genuinamente decente de romper esa especialidad o mercado. Solidez: Siempre que sea factible, venda acciones que no acaben de morir. Esto puede limitar sus peligros de descuentos o sustituciones, los cuales pueden afectar de forma impresionante a sus márgenes. Considere las distancias que su mercancía puede recorrer para incitar al cliente, además porque recomienda el transporte requerido. No deje de comprobar el peligro de supervisar los artículos atados, ya que varios de ellos son un sueño terrible de despachar. Cuanto más suave sea la entrega, más saludable será su base de pago. Márgenes: Lo ideal es que sus márgenes (nivel de beneficio sobre el valor de venta) sean en todo caso del 75% para que valga la pena su tiempo y energía. Vigile continuamente los números. Esto puede ser el alma de su negocio.

4.4 Dato curioso: el éxito de la FBA

Los mejores vendedores de Amazon son excepciones, es decir, son únicos y se separan del resto de la manada. En general, abrazarán el razonamiento de que la venta en Amazon aprecia el intercambio de valores o estándares monetarios. Más que eso, los siguientes elementos han representado - en un grado decente - su prosperidad: Vender una cantidad más significativa de un artículo es más útil - y beneficioso - en contraste con la venta de no muchos. Vender en Amazon hace que las economías de escala sean más sencillas porque la coordinación está a cargo de un gigante de coordinación central. ¡Por eso, los rangos de valor más modestos son una vía para progresar en FBA y subrayar "intéstate"! Cuando su marco está listo para la acción, estos artículos se venderán rápidamente y en enormes volúmenes. Además, durante el tiempo de puesta en marcha, de hecho, claramente, es más sencillo acaparar una base de clientes a través de artículos modestos y diferentes. La adaptabilidad y la disposición a ser responsable de los errores de juicio y a cambiar adecuadamente son vitales para ser adaptable y eficaz en el área aludida como Amazon. Lo inverso esencialmente hace poco práctico para los vendedores intentar estos artículos las cosas perfectas en el momento ideal para vender el logro de Amazon. No todas las cosas van como se indica al establecer siempre. Esto es habitual. Trate de descubrir de sus errores, ser capaz y seguir adelante.

Tal vez, en particular, necesites autoexaminar y ver los errores de tus métodos de forma inequívoca y en solitario. Esta ética puede ayudarle a ver cuándo y cómo ajustar y mejorar su negocio, lo cual es vital para el progreso. Los mejores comerciantes se centran adecuadamente en el control de sus inventarios, los flujos de efectivo y el peligro bastante bien. En el caso de que usted esté cuidando el negocio por y para, es esencial ser cuidadoso y eficiente.

Considere que se trata de una tienda, que es cuidadosamente lo que está haciendo principalmente. Mantener un enfoque claro en su objetivo y tener la voluntad de piedra y la seguridad. Esto puede ser cómo conseguimos lugares a través de la vida cotidiana, y no es muy sorprendente en FBA. A los comerciantes de la alta Amazonía no les importa estar fuera de base o tener razón - ellos consideran hacer dinero. Mucho dinero. Los mejores comerciantes ven las cosas desde periodos más largos, como trimestres o años, en lugar de días o quizás semanas, por así decirlo. De hecho, incluso en diferentes orígenes y negocios, esta es la metodología que asumen las personas más fructíferas. Demuestra que te estás preparando para asombrar al mundo, eres considerable y ves la vista de 10.000 pies. Por otra parte, este tipo de impresión de tiempo hace que usted mira hacia adelante con la presciencia decente, que podría ser una habilidad agradable, con autoridad. Si usted meticulosamente y astutamente considerar estos elementos en el inicio de su negocio de Amazon FBA, que fundamentalmente aumentar sus probabilidades de traer en efectivo brillante.

Capítulo 5

Escribir y vender un libro electrónico con Kindle Direct Publishing

Fomentar la publicación directa podría ser una etapa en la que usted tendrá la opción de publicar sus libros sin costo alguno de forma independiente. Fomentar la distribución directa, o KDP es la etapa de publicación independiente de Amazon donde puedes difundir tus libros sin mucho esfuerzo, manteniendo la supervisión completa sobre ellos aunque simultáneamente contactando con millones y racimos de peros en todo el mundo. Una ilustración más brillante de cómo Internet despeja la técnica para algunos individuos impresionantes; Kindle distribuye el mercado de la composición más que nunca. Cualquiera que sea su enfoque en el campo podría ser, no hay casi ninguna restricción a los posibles logros de los libros a los manuales. Con el alcance global y de extensión de Amazon, las multitudes de todo el mundo se familiarizarán rápidamente con su sustancia. El mencionado dominio sobre su significado es uno de los márgenes críticos de esta técnica. Esto propone que cualquier alteración, organización, portadas, etc. dependen de ti, y tú, para controlar y coordinar la metodología que consideres oportuna.

Este capítulo te guiará a través de todo lo que necesitas saber para empezar a autopublicar en Kindle para tus ingresos pasivo.

Con la distribución directa de Kindle, obtendrá soberanías sobre su obra de hasta el 70% del valor total de sus libros. KDP también te da la posibilidad de distribuir rápidamente, haciendo que tus libros estén disponibles en la Kindle Store en un par de horas o tal vez minutos después de transferir tu material. ¿Imaginará lo increíble que podría haber sido esto años y años antes, o tal vez más últimamente? No hay nada que te impida distribuir un libro en un abrir y cerrar de ojos, para que millones de personas tengan acceso al momento. Es decir, conseguir que tu obra se imprima, además de hacerla tan accesible, fue en su momento un auténtico dolor cerebral para los autores. De hecho, ese punto no es extra. KDP te permite elevar tus libros a millones y decenas de peros en todo el mundo con la presencia de Amazon.com en prácticamente todas las naciones. Por último, KDP le permite hacer que sus libros estén disponibles para todo el mundo como libros electrónicos que pueden ser consultados a través de aparatos Kindle y aplicaciones Kindle gratuitas, aunque centrándose en los factores ambientales.

5.1 Paso a paso

•   Tienes que registrarte en Amazon Kindle Direct Publishing para empezar a publicar tus escritos. Es gratis. Utiliza tu nombre de usuario y contraseña de Amazon para registrarte.

•   Una vez que haya entrado y haya escrito el título de su libro electrónico, tendrá que completar dos pasos.

•   El primer paso consiste en añadir los datos del libro y cargar la información, mientras que el segundo paso incluye la gestión de los derechos de publicación, los precios, los derechos de autor y la recopilación de los países en los que se puede comprar el libro.

• También se le dará una opción para proteger la calidad de su libro, y no es obligatorio hacerlo.

• Una vez que haya completado todas estas medidas con éxito y haya enviado el libro para su revisión, es posible que tarde unos días en recibir noticias de Amazon cuando la página esté en funcionamiento.

• Tendrás que averiguar el nicho, comprobar las categorías adecuadas para vender si tu libro se va a vender, hacer una investigación adecuada para escribir un libro de alta calidad, y centrarte en algo de promoción y marketing.

• Aunque hay una audiencia incorporada en Amazon, sigue siendo esencial conseguir tráfico, reseñas para tu libro y ayudar a que se venda.

5. Ventajas y desventajas de la auto-publicación en Kindle

La publicación independiente, como un implica que de los ingresos automatizados, está resultando ser incluso una gran cantidad de corriente principal hoy en día. Hay un par de explicaciones detrás de esto. En primer lugar, muchos impedimentos o obstáculos de paso que normalmente se enfrentan a las nuevas organizaciones no están en la publicación independiente. Lo que quieren decir con esto es que regularmente para publicar sus libros en Kindle de forma independiente, no podría querer la programación particular, preferiría no ser una figura influyente, maestro o maestro en un demasiado inequívoco que desea grabar, no podría querer hacer arreglar la publicidad o influyentes asociados, no tiene que ofrecer a la gente directamente o dirección o mercado, y preferiría no pagar una pila entera de dinero en efectivo. Como regla general, es potencial para adquirir de Kindle independientemente publicar mientras no gastar nada mucho de lo que el gasto de su asociación de Internet.

Como cuestión de verdad, ni siquiera la naturaleza insatisfactoria de su sustancia compuesta puede bloquearle de traer dinero de ella. En realidad, usted debe dedicar constantemente sus intentos más serios a la calidad del montaje, pero esto probablemente no será la cuestión decisiva en las especialidades explícitas o en las multitudes de objetivos explícitos. Dependiendo del círculo que quieras cruzar, tus potenciales usuarios pueden pensar más en la sustancia de la composición que en la habilidad instructiva o el dominio del lenguaje. La verdad de que es tan directo para entrar en la publicación independiente en Kindle recomienda al mismo tiempo sustancialmente menos peligro, o más bien, la libertad de enfrentarse a un número más significativo de desafíos que usted puede dentro del viejo mundo de la distribución. Esto puede ser debido a que estas etapas no están solicitando la especulación astuto y permiten significativamente más espacio para la experimentación y la evaluación de diversas especialidades, enfoques y estilos. Otra explicación detrás de la publicación independiente de la creciente notoriedad es que da una excelente oportunidad de adquirir los ingresos fácil astuto. Después de que haya compuesto su libro de primera categoría y lo haya transferido a la tienda Kindle de Amazon, observe cómo llegan las ofertas. En conclusión, esto le dará una gigantesca oportunidad de lograr notoriedad y una gran paga. Teniendo en cuenta que Amazon está disponible en básicamente todas las naciones del mundo dentro de las personas valiosas que obtienen libros en la Tienda Kindle, usted tiene una extensión de oportunidades para el logro.

5.3 Cómo autopublicar su primer libro electrónico para Kindle

El avance importante para publicar eficazmente de forma independiente su eBook Kindle subyacente es intentar hacer su investigación. Las posibilidades de distribuir eficazmente su subyacente, y su posterior, eBooks en la tienda de Kindle dependen excepcionalmente de su capacidad para conocer la especialidad correcta o temas para cubrir. Algunos editores independientes cometen el error sin duda mortal de esperar que los temas que son terriblemente abundante intrigado o entusiasta acerca de los puntos que inequívocamente sienten que puede ser adelante fabricará cuatro temas generalmente excelentes para publicar libros en forma independiente.

A partir de ahora, no estoy diciendo que tales temas están destinados a la decepción en consecuencia. Si bien es brillante en la remota posibilidad de que distribuya en una cosa que está intrigado o entusiasmado preocupado por, hay una tonelada de a la publicación independiente eficaz de un libro en ese momento componer sobre tales temas. La forma de decidir si una especialidad potencial será beneficiosa en la publicación independiente es elegir temas que interesan a numerosas personas. Al investigar lo que la gente desea, se quita la oportunidad de esfumarse en su primer intento de publicación independiente. Esto puede ser porque usted actuará de forma natural distribuyendo dependiendo de un modelo que ha funcionado para todas las organizaciones desde los días de antaño - oferta y solicitud. Al igual que esto, mientras que hace su examen, es esencial para mostrar los diseños en los que va a vender sus libros electrónicos publicados de forma independiente - la tienda de Amazon Kindle.

En consecuencia, ¿qué es explícitamente que usted debe investigar con respecto a los métodos? En primer lugar, examinar los diversos libros que cubren o se centran en el tema indistinto o especialidad. Luego, evalúe los lugares de estos y otros libros comparativos entre las ofertas disponibles de la tienda Kindle como los 100 éxitos más altos en sus clases. En conclusión, busque un centro comercial o especialidad que no esté, en ningún caso, pululando porque esos serán los que usted tenga una probabilidad extensamente más alta de abrumar y prevalecer en.

Piense tanto en las auditorías negativas como en las positivas, pero preste más atención a las negativas. Las auditorías negativas le ofrecen trozos de conocimiento esenciales relativos a las deficiencias de los libros que se han distribuido sobre la especialidad o el tema indistinto que tiene delante y que puede rellenar o utilizar de forma incorrecta. Fundamentalmente, las auditorías negativas le ayudarán a mantener una distancia estratégica con respecto a las trampas que pueden socavar su proyecto. Las auditorías positivas le ofrecen experiencias sobre lo que los diferentes libros han hecho bien, lo que sus potenciales usuarios valorarán mejor y, en definitiva, qué pensamientos ampliar.

De todos modos, no necesita perder el tiempo. Usted tendrá la opción de construir la rueda actual mucho mejor y lograr de forma independiente la publicación de su libro electrónico subyacente en la tienda Kindle. Por fin, después de que la base se ha establecido a través de la exploración adecuada, y una disposición de la presión se ha explicado por intentar en las encuestas, ha llegado el momento de pasar a la obra principal. Ya que has hecho tu marco, es una oportunidad ideal para declarar el libro expresamente. Lo harás de dos maneras: contratando a un escritor profesional o componiéndolo tú mismo. Si averiguar cómo manejar un libro, habilidades de composición extraordinarias, y la habilidad en un tema obligado o especialidad no son dificultades de broma para usted, en ese punto, la contratación de un escritor profesional es una manera de lidiar con ir. No, no estoy hablando de emplear a Casper el Fantasma Amigable u otro componente espeluznante para que haga la composición por usted, sino de individuos reales que puedan realmente componer bien sobre su especialidad o puntos elegidos y que le trasladen todos los derechos del trabajo escrito.

5.4 Cómo ponerlo todo en orden para su publicación

En otras palabras, los escritores profesionales son personas que compondrán su libro por usted y le darán todos los créditos debidos, financieros y de otro tipo, a cambio de una compensación fija. Usted podrá distribuir el libro bajo su nombre y obtener todo el brillo, la aclamación y, en el mejor de los casos, las soberanías. Entonces, ¿dónde podrías contratar a escritores profesionales que hagan el trabajo sucio por ti? Hay numerosos sitios que usted tendrá la opción de mirar, por ejemplo, Up-work antes llamado Odes, Elance, y Freelancer.com, entre otros. Contratar a escritores profesionales es extremadamente sencillo. La prueba está en utilizar a los mejores. Es posible que tenga que tratar de componente debido a la incansabilidad y tal vez solicitar ejemplos reales de su trabajo por lo que respecta a usted para filtrar los grandes periodistas de los indeseables. Una técnica con la que habrás pensado si un escritor profesional planeado es agradable o no es intentando en el segmento de entrada del comprador de su perfil.

Allí tendrá la opción de percibir la opinión de sus anteriores compradores sobre la naturaleza de su trabajo. En un área similar, puedes hacerte una idea de su valoración media. Otra técnica para pedir una revisión de un punto de vista tipo de escritores profesionales es mediante la evaluación de cuánto tiempo han estado componiendo o trabajando para los compradores dentro del sitio además el número de conciertos que trataron a partir de ahora si tales datos son alcanzables o disponibles. Es una manera brillante de tratar con decidir cómo abundante composición aptitud que a partir de ahora tienen. Recuerde que la calidad incluye incesantemente algunas desventajas significativas. Los periodistas planificados que las tasas de carga increíblemente bajas - en contraste con la mayoría de los diferentes al menos - podría estar haciendo algunos recuerdos desafiantes conseguir suficientes clientes para dar forma a una vida una metodología o la otra. Si bien es cualquier cosa menos una garantía de habilidades de composición impotentes, las probabilidades son que los suyos pueden no ser de calidad suficientemente alta o que necesitan más perspicacia a pesar de. En cualquier caso, es su decisión - y el riesgo. Los sitios independientes más reconocidos, como Up-work, por ejemplo, le animará a tirar en el tipo de ensayista generalmente adecuado para su plan financiero. Al establecer su empresa, es posible entregar detalles sobre su situación y sus activos. El grado de implicación que busca o puede pagar en efectivo se introducirá en la descripción. Lo que esto significa es que tendrá la opción de llamar la atención sobre el hecho de que puede reconocer menos aptitud, pero por una compensación menor, y al revés. Esto sirve para representar más alto sus condiciones y necesidades a cualquier o todos los posibles autores. Concedido que buscando estas administraciones viene el peligro, siga los medios referidos arriba, y ese peligro se vuelve insignificante. Dos partes excepcionalmente cruciales de su libro electrónico son el título y la cubierta.

Aunque los hechos confirman que lo que importa es el interior, tu portada y tu título son los que pueden tentar a los individuos a, al menos, intentar la sustancia, ya sea "necesitando" el interior o descargando un ejemplar. Estas dos son las puertas de entrada por las que las personas pueden querer entrar para decidir el significado de su libro. Si la entrada es fea, no se plantearán mirar dentro. Cada una de sus carátulas y títulos debe sobresalir y ser única, es decir, que llame la atención. Dado que la posibilidad ordinaria en Kindle ha restringido la oportunidad de asentarse y tiendas de libros opcionales a través de, van a más probablemente verter sobre los libros alcanzables en Kindle rápidamente y en consecuencia. Su libro tiene un segundo - con toda probabilidad, incluso un breve momento - persuasión peruses a interferir con su esperanza de probar la sustancia o representaciones de su libro.

Usted va a repensar de sitios como Fiverr, donde todos los trabajos son típicamente valorados en $ 5.00. El factor imperativo es que acabas de pensar en lo que necesitas que respete el edredón para que el artesano visual pueda sin duda hacer la cobertura por tus determinaciones. Si no, podría tomar una pizca de tiempo e ir y venir para instigar a la derecha. Cuando usted completa lacobertura, es una oportunidad ideal para tratar con su título. Tu título da a los lectores una idea de lo que trata tu libro en sólo un par de segundos. Este puede ser el lugar donde la redacción decente se convierte en un factor integral.

Una buena redacción le ayudará a transmitir a sus compradores potenciales para qué sirve su libro. Esos serán los criterios principales por los que elegirán si comprar o no su libro. Aunque no es del todo esencial, el avance de su libro fomentará fundamentalmente los acuerdos de apoyo. Tienes unas cuantas opciones abiertas, tanto de pago como gratuitas. Utilizarás constantemente tus cuentas de medios de comunicación en línea, como Facebook y Twitter, para promocionar tu libro a cambio de nada. Para las otras opciones pagadas, utilizarás las promociones de Facebook, sin embargo, lo replantearás utilizando sitios como Fiverr.com, entre otros.

5.5 Consejos imprescindibles para escribir un libro, los secretos revelados

Hay que empezar con la composición. Mucha gente no se considera a sí misma como ensayista. De todos modos, componer de verdad es simplemente poner palabras de manera significativa. Es algo que se hace a lo largo del día, todos los días, independientemente de si se están formando Tweets, charlando por teléfono o contestando un correo electrónico. Un libro no es más que una variante integral de eso. Para darle un arreglo de lo básico que será para impulsar un libro electrónico en Amazon, permítanme compartir con ustedes la realidad innegable de que el libro ordinario en la tienda de Kindle es sólo alrededor de 10.000 palabras de largo. Eso significa cerca de 32 40 páginas de texto. Eso es muy poco por cualquier tramo de la imaginación. Podrías tener un borrador de tu libro en menos de tres semanas en el caso de que compongas casi 500 palabras cada día. En la posibilidad de que la escritura es una cosa que no vuelve sólo a usted, que podría ayudar a volver con un diagrama cercano primero. El hecho de echar un vistazo a las tablas de sustancias en los libros electivos en su especialidad elegida podría ser una forma decente de incitar pensamientos con respecto a lo que se debe unir. No es necesario que compre los libros, excepto si lo necesita. Muchos títulos de Kindle tienen un "Look Inside" que le permitirá examinar la lista de capítulos y la sección esencial o el libro.

Esto podría ser suficiente para concederle una idea de lo que necesita para unirse. En el caso de que seas muy torpe componiendo, querrás considerar la utilización de un dispositivo de discurso a mensaje. La ventaja de hacerlo será que no necesitas grabar, al menos no desde el principio. Puedes elegir un tema, hablar sobre él y dejar que el aparato que utilices lo interprete en texto. En cualquier caso, auditarás el contenido, corregirás los errores y trabajarás para hacer una corriente razonable con tu sustancia, pero la técnica básica puede ser directa. Por lo general, es más sencillo para alguien que no se considera un ensayista trabajar con una cosa compuesta que sentir que tiene que empezar sin ninguna preparación con una página exacta. En el momento en que tengas un borrador subyacente escrito, te aconsejo encarecidamente que lo dejes de lado durante una o dos semanas antes de intentar revisarlo. El hecho de tenerlo aplazado de su empresa le ayudará a echarle un vistazo con un nuevo punto de vista.

En el momento en que usted está haciendo sacar una vez más, recitando para que todos escuchen podría ser una manera horriblemente decente para hacer frente a la detección de las palabras refrito y expresando fuera de lo normal. Cuando, en general, barremos en silencio, nuestros ojos aparecerán en las palabras salteadas disponibles. Recitar para que todos lo oigan es también una forma convincente de editar y detectar el uso de homónimos y los deslices electivos normales. Siempre que haya cambiado el libro, debería contratar a un supervisor o editor experto en el caso de que piense que su libro puede, en cualquier caso, contener errores. No es una desgracia conseguir otro par de ojos en su libro. También podría ayudar a animar a algunas personas que dominan el tema a leer el libro y ofrecer sus opiniones.

Capítulo 6

Vender su interés a través de sitios web especializados

Un sitio de especialidad se centra en un objetivo o término particular, normalmente llamado "palabras clave", que los índices web como Google y Bing utilizan para ayudar a la gente a buscar cosas en Internet. Además, para sus capacidades de ingresos fáciles en línea, es mejor que el eslogan de su sitio de especialidad sea uno muy expreso, extraordinario o enfocado. En el caso de que usted desea averiguar cómo ganar $ 1000 por mes desde su casa, una forma sencilla de entender que es probable que la forma de sitios de especialidad, montar dinero en efectivo en línea de estas propiedades web y darles la vuelta para una adición limpia de dinero en efectivo.Una pila de visionarios de negocios web que a esta línea de hacer dinero en línea está en una situación para mantener sobre sus dificultades monetarias sin esfuerzo y rápidamente.

Por ejemplo, suponga que se da cuenta de cómo dar forma a un fragmento inconfundible sitio o blog. En ese caso, usted reunirá de 4 a cinco áreas con el punto de desarrollar $200 cada mes de cada una de esas minúsculas organizaciones de propiedad virtual.

Después de tres meses de hacer de manera fiable los ingresos en línea de un sitio, darle la vuelta y montar otro como otra opción. Usted debe seguir los avances fundamentales para comenzar a hacer sitios de especialidad de manera productiva, y puedo poner momentáneamente una defensa de todo lo que hay debajo.

Este capítulo le guiará a través de todo lo que necesita saber para iniciar sitios web de nicho para sus ingresos pasivos.

6.1 Un vistazo a la mente de los gurús y a los sitios web especializados

Una de las explicaciones que tendrá que poner un sitio de la porción inconfundible para las razones de ingresos automatizados para existir es que es generalmente útil, es decir, un esfuerzo mínimo, para prepararse para la acción. En el caso de que prefiera acelerar el ciclo, pagará por las administraciones y los productos que pueden ayudarle a hacerlo de todos modos. Por regla general, el único coste necesario que se incluye es la adquisición de un nombre de sitio y una cuenta de alojamiento web, que se sitúa entre los cinco y los siete dólares mensuales en función de su elección de alojamiento. Aunque puede requerir cierta inversión y montones de trabajo para organizar su sitio especializado, no es confuso en ningún sentido. Su sencillez general con respecto a la configuración es otra motivación astuta para actuar en la publicidad del sitio de especialidad. Otra justificación válida es el curso del resultado de los acontecimientos.

Como se ha referido antes, es posible que tenga que poner en el esfuerzo y el tiempo, principalmente cuando la creación del sitio. Además, no va a inventar el momento de pagar, a pesar de lo que los diferentes cínicos tendrían que sospechar. Además del hecho de que se necesita tiempo para configurar su página web y todo lo que quiere figurar, también tomará esfuerzo para que Google realmente vea su sustancia, clasifique su sitio en los elementos de consulta para sus palabras clave de especialidad, y para que el tráfico significativo regrese a su sitio web. Mientras que usted puede adquirir la paga razonable de la venta del sitio de la especialidad, es uno que será muy limitado. El regalo aquí es "especialidad", que implica que la posición e infiere una profunda especialización o nivel de interés central. Usted tiene menos posibilidades en contraste con extra resumió los artículos que tiene un sector empresarial mucho más grande. Mientras que es indiscutiblemente potencial para que usted pueda voltear su sitio de especialidad en un experto en su especialidad inequívoca, las perspectivas son relativamente bajas, y en última instancia, su potencial de pago puede nivelar. Aliviarás este peligro colocando en varios sitios de especialidad, lo que harás con la medida de tiempo libre de la que te alegrarás una vez que tu sitio de especialidad esté en marcha.

6.2 Construir un sitio web de nicho para novatos: Es más fácil de lo que crees

Anteriormente, nos referimos a que la cosa esencial que tendrá que hacer antes de encajar el sitio específico es mirar hacia fuera para su especialidad. La incapacidad de tratar de hacerlo puede entregar todo su esfuerzo persistente para colocar en su área y avanzar inútil o desperdiciado porque usted va a terminar de ir para una especialidad infructuosa. Si desea ver una especialidad decente con eficacia, es posible que desee avanzar hacia ella como componer un blog, uno en el que es posible que desee producir una tonelada de temas rentables y sustancia. Lo que es más, similar a Amazon FBA anterior, propongo centrarse en las especialidades que está increíblemente familiarizado con o enérgico sobre. ¿Por qué? Las probabilidades son, usted es a partir de ahora educado en él. Observe lo que quiero decir con centrarse en ponerlo primero para leer el beneficio y no dar el paso. Es indudable que lo que te entusiasma y dominas -digamos, los bichos de la basura- no es una especialidad productiva, mientras que los vehículos ejemplares -sobre los que no tendrás energía a partir de ahora- podrían ser beneficiosos. En ese caso, elija la especialidad del vehículo adecuado. Centrarse en sus intereses e intereses implica que, dada su ausencia de información sobre el beneficio de sus distinguidas especialidades probables, evalúe primero el de la que le entusiasma o le interesa. Si encuentra que su cosa óptima no es lo suficientemente productiva, no sea reacio a ir con individuos que no son por y competentes sobre.

Dedica algún esfuerzo a examinar el tema y aclimatarte a él. Cuando tengas suficiente información esencial, tendrás la opción de investigar más cosas sobre ella para hacer suficiente sustancia significativa o reapropiarse de ella a los estudiosos independientes. Hay más de una técnica para la piel y todo lo que se considera patata. En realidad, con la extensión de la información que es Internet, tendrás la opción de convertirte en un experto en básicamente cualquier punto que puedas suponer. Algunos harán un esfuerzo adicional para comprobar otros. De todos modos, se hará en cualquier caso. Hace tiempo, si una persona deseaba ser competente en algo, tenía que ir a la escuela formal o a los paquetes o tal vez miles de horas dentro de la biblioteca. El estado actual de las cuestiones es con el objetivo final de que usted tendrá la opción de aprender y, en consecuencia, hacer dinero de su conocimiento de un lugar aislado - su asiento. No se puede anticipar el control preciso sobre las mentes humanas sin la formación formal y la instrucción de todos modos con respecto a los datos. Internet no tiene límites. De esta manera, si una especialidad que desea incitar se asocia con mentiras más allá de su experiencia, llegar a aprender e investigar. Asumirlo como tomar un curso de tipos para pedir una tarea.

6.3 Reducir la lista de ideas de nichos de mercado

Una vez que se ha analizado la totalidad de las posibilidades y pensamientos, lo único que queda es tomar la decisión adecuada. En la actualidad, hay una variedad de formas de proceder en este sentido. De todos modos, empieza por tener una comprensión firme de hasta dónde llegan sus datos en regiones específicas, sus habilidades para dar contenido, etc. También hace una elección más simple para poseer una distancia de donde usted necesita tomar su sitio y lo que quiere lograr. Una de las maneras en que usted elegirá para canalizar o preseleccionar sus pensamientos de especialidad es a través de las reglas de volumen de márgenes. Los empresarios serán delegados a los individuos que favorecen la venta de artículos de costo excesivo y bajo volumen (alto margen) o de acciones de bajo valor y alto volumen (baja liquidez). Cada uno tiene sus arreglos de ventajas y desventajas. Las que tienen gastos importantes le darán unos ingresos globales o diferenciales por unidad de oferta impresionantemente más destacados; sin embargo, es posible que tenga que vender menos porque son costosas.

Curiosamente, las acciones de baja evaluación le ofrecen esencialmente menos márgenes y necesitan que proporcione más unidades para pensar en la cantidad indistinta de pago que la venta de artículos más extravagantes. ¿Cuál es el ideal? Todo depende de usted, dependiendo de los expertos y los contras de cada uno, ya que se identifica con la especialidad, la cosa, y en esta línea, el mercado. Otro canal a través del cual usted limitará su lista de especialidades potenciales es la capacidad de declarar muchos artículos o buena sustancia en la cosa expresamente. Un punto de referencia decente -aunque discrecional- es de cincuenta artículos a cien piezas.

Supongamos que te consideras capaz de crear esa abundante sustancia durante todo el año. En ese caso, implica que estás intrigado o entusiasmado con la especialidad y, en consecuencia, estás educado para ello. Esto te revela que, sin duda, tendrás la energía y el interés suficientes para poseerlo con eficacia. En el caso de que no pueda, considere la posibilidad de emplear a escritores profesionales, lo que le costará mucho después de todo. Dado que la contratación de consultores supone un coste, por lo tanto, un acuerdo de respaldo financiero; es posible que desee intentar no hacerlo al principio. Lo más probable es que sea mejor hacer un esfuerzo adicional y producir la mayor cantidad de contenido posible desde el principio. Con esta metodología, acumulará la medida más extrema de capital. Con ello, tendrá la opción de alquilar ayuda más adelante. Por entonces, empezarás a poner el procedimiento en piloto automático.

Saber si la especialidad tiene proyectos de avance de los socios que pagan comisiones razonables es otra cuestión central a tener en cuenta a la hora de reducir su lista de ideas de especialidad.

6.4 Un buen dominio de los conocimientos

Aunque hay programas de venta de socios para cualquier cosa, aislar los decentes de los flojos es una pauta general adecuada para los programas que dan en cualquier caso el 10% de comisión. Me concentro en alrededor de veinte a treinta veinte de comisión. Es muy posible que sea un reto localizar y establecer los proyectos más productivos desde el principio, obviamente, sin embargo, usted debe establecer decididamente la barra al 10% en cualquier caso. Estas normas no son simplemente ver el comercio para la masa gastable tan rápido como se podría esperar, de todos modos conjointly ver la introducción de su sitio como un proyecto de anhelo en lugar de un esfuerzo mínimo, la actividad de ocio poco tiempo. Recuerde que los productos avanzados rendirán comisiones más altas contrastadas con un artículo real para una explicación directa - el costo. Las cosas avanzadas pueden ser repetidas a mano en muy tiende casi ningún costo en el grado más pequeño mientras que el producto real implica gastos para levantar. De esta manera, en caso de que usted está gunning sólo para grandes comisiones, artículos avanzados podría ser mejor para usted. No decir que el producto real apesta en las comisiones. Estoy diciendo esencialmente que mientras que pagarán las comisiones razonables, no son tan altas como ésas dadas a los comerciantes de artículos avanzados.

Más que comisiones astutas, usted puede igualmente tener que mirar hacia fuera para las tendencias si una especialidad particular es una donde los individuos fabrican realmente el dinero. ¿Qué beneficios son tan altos como los que se pueden comisionar en cosas sin ningún cliente? Tal vez esa sea la razón por la que ofrecen altas comisiones: ¡son laboriosas de vender! Al igual que el caso con la mayoría de las cosas a lo largo de la vida cotidiana, si se muestra como demasiado inteligente para ser válida, en ese punto, posiblemente, no es, precisa que es. Con todo el asunto que conlleva la creación de su sitio, ¡preferiría no descartar todo en un mercado inútil! Entonces, ¿cómo podría usted realmente conseguir una manija en si la gente ensamblar dinero en efectivo en esta especialidad? Aquí está la forma en que usted tendrá la opción de hacerlo.

En este momento, dirija un viaje a esas palabras clave que crean mucho tráfico y anote los sitios regulares que aparecen en las páginas esenciales de sus listas indexadas. Si los hay, mírelos. Si no hay normales, intente sólo los locales de mayor nivel por búsqueda de palabras clave. ¿Cómo puede saber si están ganando dinero? Unas pocas zonas desvelan lo que están haciendo; digamos como el sitio Kenrockwell.com, por el que dice que el sitio le hace mantener a su familia en la parte inferior de cada página. En cualquier caso, la mayoría de los diversos sitios no intentan esto; por lo tanto, ¿cómo podría obtener una idea de si están haciendo dinero inteligente? Los estudios de mercado son otra metodología de hacer como tal.

En el caso de que un fragmento particular tenga unas cuantas encuestas de artículos con conexiones asociadas en ellas, es una señal sabia de que tal vez los individuos están haciendo dinero ajustado dentro de la especialidad. Recuerde que, mientras que un mercado dinámico implica que las probabilidades son dinero para ser hecho allí, también puede significar la rivalidad salvaje. Generalmente, usted puede conseguir un arreglo si los individuos están trayendo en el dinero durante una especialidad particular intentando coger el tráfico de la búsqueda de la frase, las encuestas con las conexiones subsidiarias, los artículos costosos, y las altas tarifas de la comisión.

6.5 Ganar dinero a través de su sitio web de nicho

Hay algunas maneras diferentes que usted construirá el dinero de su sitio de la especialidad, que abrazan la venta directa, las conexiones pagadas, las promociones pagadas, los anuncios de AdSense, y la venta del socio. En la parte adjunta, vamos a traer una mirada en el planeta de la venta subsidiaria personalmente. En una última nota con respecto a los sitios de especialidad, a pesar de que requieren un trabajo significativo para conseguir las cosas totalmente operativas rápidamente e implican una gran cantidad de peligro que es la situación con los marcos de ingresos automatizados ordinariamente, todavía están en la parte superior con respecto al potencial de ingresos automáticos. Los sitios de base que atraen medidas masivas de tráfico se encuentran entre los intentos de ingresos fáciles más autónomos.

En la remota posibilidad de que un sitio descubra cómo hacer un área local a su alrededor, es evidente que esta área local posiblemente se haga cargo de una gran parte de los elementos del sitio. ¡Un poco de una tonelada de locales adorados regularmente tiene un cliente felizmente esperar los trabajos de organización, por lo general en cualquier caso, para nada! A lo largo de estas líneas, si usted percibe lo que está haciendo y establecer todo de la misma manera, esta es una oportunidad para hacer una vida práctica, máquina de hacer dinero.

Capítulo 7

Vende tu experiencia a través de UDEMY -Cursos online

El aprendizaje basado en la web sigue creciendo en ubicuidad, y Udemy es uno de los escenarios más importantes para ello. Además, esto es por una explicación terriblemente legítima. Independientemente de si se trata de mejorar la formación convencional de uno o de ofrecer reparaciones para la deficiencia en ese departamento, este tipo de aprendizaje se está convirtiendo en menos y menos confinado cada semana. De esta manera, no es nada inesperado que las etapas que dan inequívocamente convertido en un negocio productivo, con la posibilidad de tratar de convertirse en un experto en la instrucción a nivel institucional más tarde. Al igual que el caso con la totalidad de los negocios se fija en Internet, Udemy también presenta algunas oportunidades a las personas astutas y notables como usted. Debido a la amplia gama de niveles de aprendizaje, desde el nivel de sección hasta el más avanzado, es una etapa decente para comenzar si los cursos en línea son algo que necesitas y puedes hacer. No hace ninguna diferencia abundante si usted termina siendo sin embargo dotado en el campo escogido. Cualquiera puede crear un curso en línea. Los clientes son los individuos que juzgarán si su periodo es suficiente o no - reflejándose posteriormente en su paga o crítica.

A principios de 2016, Udemy ha servido supuestamente una tonelada de más de diez millones de personas con más de cuarenta mil cursos. A tal ritmo, esta etapa puede reconocer positivamente a sí mismo directamente en la parte superior de este mercado terriblemente pronto. Esta puede ser la razón por la que ahora es la oportunidad ideal para saltar a bordo con este programa y notar un lugar para su ingreso fácil anticipa Udemy. Independientemente de si usted es un verdadero talento en su tema, instruir regularmente va en todas las direcciones. En la estrategia de dar estos cursos a otras personas, ¡podrías resultar más capaz y ampliar tu información al mismo tiempo! Vamos a tomar nota de este potencial y un par de cosas esenciales para ver como se va en este esfuerzo.

En este capítulo, te guiaré a través de todo lo que necesitas saber para empezar a vender tus cursos en Udemy para tus ingresos pasivos.

7.1 Ingresos potenciales: Vale la pena

Mientras que los mejores profesores de Udemy fabrican una fortuna en Udemy, no todos adquieren un sueldo enorme. Cuesta notar que unos pocos profesores obtienen 60 dólares mes a mes; sin embargo, los de punta pueden ganar vi cifras cada año. Trata de no permitir que esto te debilite, ya que esto no significa un almacén de rivalidad para ti en la expresión, ni implicará que la prima está involucrada. En la remota posibilidad de que algo, simplemente va a mostrar de qué manera o capacidad mucho que va a soportar este sitio. En la remota posibilidad de que un fabricante de cursos no está tirando en una medida increíblemente crucial de la paga, esto puede ser, con toda probabilidad, ya que o bien no han hecho la calidad o han decidido mostrar una habilidad desagradable o tal vez demasiado ineludible.

Por el contrario, los que están dibujando seis cifras probablemente han trabajado, agotando para su posición, y han llegado a un grado de asociación y capacidad que no puede ser considerado típico hacia el principio. Claramente, a ese nivel, son presumiblemente alguna organización significativa o, al menos, un grupo de profesores, como esto no podría querer echar un vistazo a ti mismo a esos círculos en Udemy, ¡no obstante! Cualquiera de las dos cosas implica que no debes sentirte demasiado firme con respecto a estos dos límites. Con centro, imaginación y la debida constancia, puedes llegar precisamente a donde deseas estar.

7.2 Plazo de los cursos Udemy

Hacer un curso en línea requerirá una carga masiva de especulación de su parte, en conjunto con respecto a su tiempo y posiblemente sus activos. Para ciertas personas, especialmente los escritores de libros, se necesita tanto tiempo como componer un libro innegable. Es mucho más sencillo si a partir de ahora tienes un libro o algún otro material único como sitios y talleres para empezar, en los que tendrás la opción de basar tu curso. Sin duda, puedes impartir un sistema en una sesión de dos o tres horas con esos materiales disponibles.

Sin embargo, si estás, a todos los efectos, empezando sin ninguna preparación, distribuye una gran parte de tu tiempo para ello y planifica astutamente dicho tiempo. Actualmente, lo que está dando es un curso. Sin embargo, esto no implica que no pueda haber algún tono severo enganchado a él. Como una cuestión del mundo real, podría presumiblemente hacer ponders para su empresa. Usted puede recordar que el aprendizaje ha sido incesantemente una gran cantidad de poder si hubiera sido divertido y creativo simultáneamente en la remota posibilidad de volver a la escuela secundaria para el fuego. Utilizando un nivel de inventiva al montar tu curso, ¡incluso puedes terminar haciendo algunos grandes recuerdos tú mismo! Sacar el máximo provecho de su trabajo siempre ayuda y, sin duda, le atraerá a trabajar más rápido y a ser más hábil con el tiempo.

7.3 La utilidad de Udemy

Además de las capacidades especializadas en el curso que va a hacer, también querrá tener suficientes habilidades de creación de vídeo para hacer sus cursos de vídeo. Mientras que es positivamente potencial para utilizar la cámara de su teléfono celular para filmar a ti mismo, hay una tonelada de que eso. En cualquier caso, es necesario tener conocimientos de postproducción, sonido y configuración de vídeo, si quieres tener un buen vídeo en Udemy. Se trata de cosas excepcionalmente especializadas que, con toda probabilidad, aprenderás a largo plazo; no obstante, si necesitas hacer un curso interesante lo antes posible, es mejor que tengas en cuenta el material y que consigas asistencia cualificada para la grabación y las modificaciones del vídeo.

Sin embargo, esta es otra oportunidad para utilizar las administraciones de los consultores para ayudarle con su empresa. Hay una abundancia de editores de vídeo y buenos mezcladores que trabajan como consultores en línea, y una carga masiva de ellos son auténticos profesionales capacitados. Para ello, alude a los sitios independientes a los que solemos hacer referencia anteriormente, cualquier semblanza de Upwork, Freelancer, Elance, etc. Te repartirás el encargo y te encargarás de la composición u otra parte del trabajo, o tendrás la opción de designar el factor fundamental a un superdotado. En comparación con su plan de gastos, el tiempo y las habilidades, puede coger la mejor manera de prepararse. En el caso de que tenga habilidades naturales en la alteración de vídeo y los impactos, estar garantizado porque ese toque privado exclusivamente tendrá la opción de dar puede ser el factor que hace que su curso todo lo que la cantidad más atractiva y relatable.

7.4 Cómo ganar dinero con Udemy

Es bastante sencillo intentar la escuela secundaria esto. Empieza por hacer el curso o el esquema correcto de las cosas que quieres cubrir en tu lección. En el momento en que esté hecho, no lo termine todavía. Haz que otra persona los revise, en un mundo perfecto, alguien que no se sienta cómodo junto a tu tema del curso. Con ese enfoque, obtendrá críticas sobre si es inconfundible, justificable o excesivamente especializado. Alguien que sienta curiosidad por el tema de su curso y que no sepa casi nada de él puede ser constantemente el analizador ideal. En el caso de que haya asimilado una cantidad generosa de su curso y lo haya encontrado inteligible y esclarecedor, ¡la felicitación podría ser de calidad! En ese momento, construye un vídeo de ti mismo leyendo el curso completo y haz que lo lean las personas elegidas. Comenzando de esta manera, puede obtener críticas de destino sobre si es razonable y justificable.

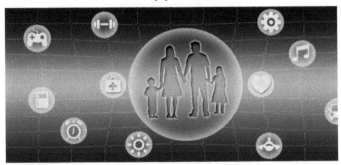

Más que el contenido del curso, es posible que tenga que introducirlo en una técnica increíble que sus alumnos puedan comprender. Ellos esperan descubrir de su clase y de esta manera. Ayudaría que les dieras el valor de su dinero. Cuando obtengas suficientes críticas razonables para ello, habrá llegado el momento de grabar el último vídeo de tu curso. Intenta no racionar la calidad aquí. Invierte recursos en la creación de sonido y vídeo con talento si grabar y modificar grabaciones no es tu capacidad y céntrate en lo que destacas: transmitir tu curso. Es preferible no acabar completando dos cosas. Es más inteligente someterse totalmente a una parte del trabajo y poseerla con calidad, y simplemente dejar la parte contraria a un experto. Recuerde que puede fabricar su seminario a cambio de nada. Esto es sin duda una cosa a considerar con poca oportunidad llega como usted comienza a fabricar su posición. La crítica está cerca de ser esencial debido a la paga real. La conexión entre la crítica específica y los ingresos ampliados no es una relación simple. Es una garantía. En caso de que no esté durante una oleada y esté preparado para requerir su dulce tiempo para desarrollar este negocio, en ese momento, podría necesitar hacer su curso subyacente, o un par de ellos, gratis.

De esta manera, limitas el peligro de construir una reputación desafortunada por ser alguien que busca dinero por una sustancia de calidad inferior. En este momento, se acepta que a partir de ahora tienes un registro con Udemy. Si no es así, no dudes en inscribirte. Para obtener una tonelada de información al respecto, vaya directamente a su sitio e intente sus requisitos previos y acuerdos. Estoy seguro de que lees detenidamente los acuerdos de las condiciones de uso en cualquier momento que establezcas un registro en cualquier lugar de Internet. De todos modos, verifique que hace lo mismo aquí. Usted está tratando de hacer dinero en Udemy. De esta manera, ayuda a ser muy consciente y educado en relación con las sutilezas del sitio. Cuando tienes un registro, es una oportunidad ideal para transferir tu curso. En cualquier caso, no termina ahí. También es perfecto para promocionarlo fuera de Udemy. Vender tu curso en el sitio puede ser directo para la situación de Udemy.

Capítulo 8

El secreto de mi dinero es el marketing de afiliación

En los términos factibles solitarios, offshoot showcasing es un método no involucrado para la adquisición de la paga básicamente por el avance de los artículos o administraciones de visionarios de negocios electivos en sus locales web o blog. Hay una amplia gama de maneras por las que de hacer filial corriendo de todos modos regularmente hablando, usted puede adquirir a través de las comisiones - como un nivel de ofertas - o las tasas adjuntas por compra que el artículo o las organizaciones especializadas le dan en cualquier momento que peruse haga clic en una conexión en la sustancia de su página web o blog, se coordinan al sitio del proveedor y obtener el artículo o administración que se ofrece en él. En varios proyectos subsidiarios, los invitados que fueron coordinados a ellos al hacer clic en las conexiones en sus sitios no necesitan buscar sólo para que usted adquiera fuera de ellos - sólo necesitan requerir actividades vinculadas aparte de conseguir como seleccionar en con una dirección de correo electrónico o terminar una visión general, entre otros. Los cambios - o las ofertas reales - son precisamente seguidos por los comerciantes a través de una conexión dada a usted (el distribuidor) que contiene un código explícito para usted. Los vendedores utilizan eso para trabajar que de los tratos que vinieron de usted. Los vendedores electivos pueden darte un "código de cupón" para que se lo pases a tus peros, y estos códigos de cupón son lo que distingue a los tratos explícitos contigo como distribuidor. Esta es la razón para pagar sus bonos. La exhibición del asociado es entre la mayoría - si no la más - los modos más populares para publicitar por los individuos numerosos debido a la productividad del gasto.

En este capítulo, te guiaré a través de todo lo que necesitas saber para comenzar el marketing de afiliación para tus ingresos pasivos.

8.1 Paso a paso

- Elegir el nicho correcto. El movimiento más crucial en todo el proceso es posible seleccionar su lugar. Un buen nicho, como la moda, la belleza y el bienestar.

- Elegir el foro correcto. Tendrá que determinar qué canal va a utilizar para desarrollar su marca y promocionar los productos y servicios de los afiliados una vez que haya seleccionado su nicho (o incluso antes, si prefiere).

- Entre en los programas de afiliación que sean aplicables. Es el momento de entrar en programas de afiliación específicos ahora que sabes a qué nicho quieres llegar y la red que vas a utilizar.

- Empieza a crear contenido y planifica tu sitio web para ello, ya sea un blog, un canal de YouTube, email marketing, la plataforma que elijas.

- Atraer tráfico y suscriptores

- Empieza a promocionar tus enlaces de afiliación

- Ganar dinero con el marketing de afiliación y los blogs

Con la promoción de socios, los comerciantes sólo adquieren la publicidad sobre el cambio o una actividad particular como se hace referencia anteriormente. En contraste con la publicidad convencional o el avance, los comerciantes no tienen que comprar anuncios que no reciben ningún aviso o dentro de la instancia de los ojos aturdidos de exhibición en línea. De este modo, se mejora el beneficio. En otras palabras, el avance de los asociados se ha considerado esencial en lugar de lo convencional implica que de la publicidad, ya que (en algunos casos) ofrece el cien por ciento de intensidad en la empresa. Pagar por los tablones, poner anuncios en la televisión, interesarse por los programas de patrocinio, etc., suele ser costoso y no ofrece ninguna garantía de que los acuerdos se incrementen. En el mejor de los casos, las asociaciones pueden utilizar servicios de visualización y consultoría para mejorar sus métodos de promoción y minimizar los riesgos. Para los distribuidores como usted, la venta de productos derivados podría ser un campeón simplemente porque ofrece la oportunidad de encontrar y vender acciones que son profundamente pertinentes a una especialidad particular de la decisión, que puede proporcionar un pago más alto en contraste con el pago por clic de exhibición o promoción estándar.

En una nota de ángulo, si su blog, cualquier tipo de página, o cualquier tipo de aventura que usted tiene en marcha ha amasado un extenso después, es cualquier cosa menos un extraordinario para animar a las ofertas de los vendedores que potencialmente podría desear para promover su producto a sus multitudes. Un ejemplo de este tipo de ofertas que conozco, por experiencia individual, es el de un seguidor que tiene un canal de YouTube desde hace tiempo. Algunas de sus grabaciones de ejercicios instructivos sobre un tema elegido acumularon un serio control de vistas, por lo que en algún tiempo indefinido más tarde, fue alcanzado por una asociación cuyo negocio estaba asociado con la sustancia de sus grabaciones. En efecto, le ofrecieron pagar una ajustada cantidad de dinero si les cedía los derechos para adelantar sus artículos en dichas grabaciones. Con esta metodología se aprovechó de su sustancia a todos los efectos, y no fue en ningún caso, tirando por lo alto. Imagínate lo que conseguirás con una mezcla de esfuerzo, asociación e interés central.

8.2 Cosas que no sabías sobre el marketing de afiliación

A diferencia de los sitios especializados, la conexión entre usted, como distribuidor, y su usuario es mucho más cercana o profunda. Tal relación aprecia una cantidad más significativa de confianza y fiabilidad en contraste con un sitio de fragmentos inconfundible. En esa capacidad, su blog peruses podría ser extra dispuestos a seguir su artículo o sugerencias de administración cuando se determina con un sitio de sección particular. Actualmente no estoy diciendo que los sitios de especialidad apestan -

quiero decir, incluso lo incluí todo junto de los enfoques para adquirir ingresos automatizados. Estoy tratando de decir que para los elementos de avance de los socios, la publicación de contenido a un blog podría obtener encantado de una tasa de transformación más alta en contraste con los sitios de mercado de especialidad. No obstante, la compensación es que se necesita esfuerzo para escribir para un blog para almacenar suficientes adherentes firmes para ser beneficioso, mientras que la venta de especialidad puede dar cambios abundantes más rápido.

Los comerciantes son conscientes de que el individuo ordinario en realidad no le gustan los anuncios, sobre todo al invertir su energía de recreación de crucero a través de Internet. Un cliente es una tonelada de una gran cantidad de presumiblemente para probar su anuncio a cabo si se trata de un confiado en la pila, similar a su # 1 blogger. Especialmente es la situación si el blogger directamente sugiere o apoya el producto. En la actualidad, con toda esa confianza en la vanguardia de sus pensamientos, imaginar lo que podría suceder a su blog en la posibilidad de que abusó de esa confianza para promover un elemento inaceptable? Goma de mascar.

8. Introducción al marketing de afiliación

Efectivamente, la exhibición asociada puede valer la pena, pero, por otro lado, no es un alimento para pollos. No es elegir el dinero en los árboles, como usted puede haber adivinado. Mientras que algunas personas adquieren de la venta de asociados, sólo algunos obtendrán una fortuna ya que el logro de la venta de asociados está muy fijado en numerosos componentes, por ejemplo, el tráfico del sitio, la importancia del artículo, la calidad del artículo, la confianza entre el distribuidor y los usuarios, la disposición de los usuarios a comprar y la capacidad de registrar cuidadosamente las ofertas extraordinarias duplicadas. Lo que es más, discutiendo la voluntad de buscar, es posible que tenga que utilizar la alerta para asegurarse de que usted no empuja usted peruses a duro o vender artículo de calidad inferior, ya que no sólo arruinar sus probabilidades de transformarlos en el pago de los clientes para sus comerciantes, que además puede riesgo de demolición de su posición entera o individual, el último es particularmente obvio en la posibilidad de que usted está haciendo la venta de pareja a través de su blog en lugar de un sitio de fragmento inconfundible.

Hay montones de artículos en Internet que advierten a los blogueros sobre los peligros de la promoción de los productos, o historias en las que los esfuerzos publicitarios mal informados han destruido las fructíferas profesiones de los blogueros. ¿Ha seguido o se ha retirado continuamente de un fabricante de sustancias sólo por el asalto de los anuncios, especialmente los horribles, que alteraron irreversiblemente su fundamento para los más serios? ¿No lo has pensado, en todo caso, como de vez en cuando? Recuerdo que yo sí lo he hecho, por no decir otra cosa. Independientemente de lo fiel de un después de que usted puede tener, que exclusivamente se empuja de esta manera mucho antes de que su fundación comienza a desintegrarse, tipo de un lugar de tarjetas. De este modo, practica la alerta escandalosa y recuerda siempre tu rectitud. Su público a menudo puede pensar en ello mucho más de lo que usted está haciendo. A lo largo de estas líneas, ¿cómo podría usted realmente hacer dinero de avance asociado?

Capítulo 9

Ensúciese las manos con el marketing por correo electrónico

Como el nombre propone, esto puede ser un método de adquisición de ingresos automatizados mediante la utilización de correo electrónico para ofrecer su artículo y administraciones a la gente. Usted desea tener la opción de adquirir ingresos automatizados a través de la promoción de correo electrónico de manera efectiva es una lista de correo electrónico que podría ser una lista de personas que compraron en su marco de difusión de correo electrónico común, en algunos casos boletines, que les dan sustancia complaciente o llamativo. Hay dos tipos de registros de correo electrónico: conversación y declaración. En los registros de conversación, todas las personas de la lista se dirigen a cualquiera de las diversas personas, es decir, les envían mensajes. En los registros de declaración, sólo usted, como supervisor o propietario de la lista, puede hacerlo.

Por regla general, los registros de declaración se utilizan fundamentalmente para el envío de folletos y declaraciones de correo electrónico ordinario, mientras que los registros de conversación son esenciales para hacer redes virtuales donde las personas que son entusiastas de una especialidad o tema particular lo examinarán juntos. Esta colaboración entre los partidarios estira su lista de correo electrónico de conversación los convierte en márgenes ocultos que usted utilizará con entusiasmo. En particular, un área local interconectada y descentralizada puede compartir y crecer constantemente de forma extra adecuada. Si desea hacer una, Por lo tanto, la parcela de la zona local animada, esto es regularmente la manera de viajar. Los registros de correo electrónico de la declaración son más apropiados para un área local de partidarios, siendo estos clientes estándar o devotos de su totalidad.

En este capítulo, te guiaré a través de todo lo que necesitas saber para empezar a hacer Email marketing para tus ingresos pasivos.

9.1 Cómo construir su lista de correo electrónico

Hay dos maneras de acumular su lista de correos electrónicos: desarrollarla o comprarla. Tomarse el tiempo y poner en marcha la iniciativa de evaluar su lista tiene, sin duda, bastantes ventajas sobre la alternativa para las necesidades de anuncios económicos y de fondo. En más profundidad, exploraremos ambas opciones. Hablemos primero de la creación.

9.2 Páginas de aterrizaje: Una poderosa herramienta para su negocio

El método más rápido para construir su lista de correo electrónico es guiar el tráfico de calidad a la página de presentación de su artículo o administración, y por calidad, me refiero a las personas que son posibilidades, no simples kibitzers o felinos inquisitivos. Uno de los mejores lugares para empezar es - shock - ¡Facebook! Esto puede deberse a que la promoción en Facebook le permite centrarse en su mercado necesario, es decir, la socioeconomía legítima. De manera inequívoca, podrá elegir los grupos de interés a los que van dirigidos sus anuncios, principalmente en función de la edad, el sexo, la zona, los intereses e incluso el estado de sus conexiones, entre otros.

Se trata de una posición preferente indispensable porque cuanto más centrada esté la publicidad, más intensa será. Debido al detalle de información individual que sus clientes dan a Facebook, desde hace tiempo se ha convertido en un sitio con un potencial de avance ilimitado. Desde las más modestas hasta las más grandes, numerosas organizaciones ven bien esta comodidad, por lo que regularmente dedican medidas considerables de dinero a los programas de promoción de Facebook. En el caso de que no haya conseguido una manija más alta, diría que esto es regularmente realmente uno de los primeros elementos esenciales que se suman al excelente costo de la web de Facebook. Usted puede conjointly desarrollar su lista de correo electrónico mediante la creación de páginas de presentación que están explícitamente comprometidos con la oferta de activos desinhibidamente libre y han insinuar estructuras (donde pueden dejar sus direcciones de correo electrónico a cambio de los regalos) que son extremadamente directa para ver.

Además, hablando de páginas de presentación, los grandes son los individuos que no tienen partes de desvío y se centran exclusivamente en conseguir las direcciones de correo electrónico de las personas a cambio con la expectativa de activos complementarios como informes, libros electrónicos y diversas cosas descargables. Numerosos destinos trabajan únicamente por esta razón, ofreciendo límites, buscando cupones o artículos especiales, computarizados o físicos. El simple hecho de que estos locales existen va a mostrar exactamente cómo productiva este tipo de publicidad puede ser.

9.3 Códigos de descuento y vales

Puede conseguir que los envíos de correo electrónico formen parte de su lista utilizando una ventana que ofrezca a los visitantes de su sitio web la oportunidad de pedir códigos de límite para sus direcciones de correo electrónico. En el expreso, esto funciona admirablemente con la gente que ahora está familiarizada con los artículos y las administraciones que usted está tramando o ahora está avanzando utilizando el correo electrónico. Aunque regularmente son irritantes para la mayoría, las ventanas emergentes pueden ser mucho más que invitadas si hacen con ellas esos límites o cualquier cosa gratis. Fundamentalmente, usted apenas perderá el punto con regalos. Simplemente recuerde que mientras numerosas personas persiguen los límites, ordinariamente se toman el tiempo necesario para utilizarlos. A lo largo de estas líneas, no se debilite si esto no apoya su negocio de inmediato.

La clave aquí es la construcción de conexiones, lo que usted hará por darles de forma fiable sustancia libre de todos modos la calidad a través de correo electrónico. Si sus tratos todavía se están deteriorando cuando ha pasado mucho tiempo, sería posiblemente una oportunidad ideal para cambiar o alterar su programa en alguna metodología, especialmente si está transmitiendo una carga masiva de límites y artículos gratuitos. Aunque la construcción de una verdadera relación junto a sus clientes es significativa, usted no desea ser explotado y fracasar dando demasiados códigos de rebaja sin ningún resultado real. Hablando de códigos de rebaja, los fabricará eficazmente a través de una aplicación denominada Just Uno, que ofrece planes gratuitos que utilizará para crear una dotación de códigos de rebaja para las posibilidades a cambio de sus direcciones de correo electrónico. Simplemente haga su código de rebaja, conéctelo dentro de la aplicación y ajuste cómo necesita que aparezca en un gadget.

9.4 Comprar listas de correo electrónico: Reinicia tu generación de leads B2B y haz crecer tu negocio

Buscar registros de correo electrónico es totalmente legal y puede realmente hacer que sea abundante, mucho más simple para usted porque voy a ser directo - desarrollar una lista de correo electrónico necesita una enorme carga de trabajo debilitante, la coherencia, la innovación, y el tiempo. Es este encanto que produce buscar registros de correo electrónico tan de moda hoy en día. De esta manera, ¿sería una buena idea para usted comprar registros de correo electrónico y ahorrar abundante esfuerzo y tiempo de acelerar las cosas? No. Nada. Nunca. El protagonismo de esta aplicación es inmerecido. Este es, otro modelo en el que se convierte en un factor integral aquel viejo refrán sobre los caminos claros: no hay tal cuestión como un camino directo. ¿Por qué? Introducción apagado, usted no necesita molestarse con direcciones de correo electrónico para tener direcciones de correo electrónico. Usted necesita direcciones de correo electrónico aceptables, es decir, las personas que son posibilidades entusiastas para ofrecer sus cosas a. La única técnica en la que su lista de correos electrónicos será valiosa para la promoción en su intercambio específico es en la posibilidad de que usted la haya construido en cualquier caso. La única estrategia para garantizar que la suya es una lista de correos de calidad es que la haya creado en torno a su negocio.

Los intereses de los individuos en la lista deben estar relacionados con lo que usted está vendiendo. Además, los registros de correo electrónico que están disponibles para ser comprados no son de una calidad razonable en lo más mínimo. Piénsalo de esta manera. En la remota posibilidad de que usted tenga una excelente lista de los correos electrónicos que están cambiando o buscando de usted, ¿lo compartirá con otros si le pagan por ello? Me pregunto si lo harías - ¡incluso podrían robarte tus mejores registros! Actualmente se ve por qué es razonable que la parte del león registros de correo electrónico son, caca? Otra motivación para no comprar registros de correo electrónico es que las personas que poseen esos registros apenas se acuerdan de usted, aunque sea un poco. Si no tienen ningún conocimiento de usted, por qué razón pensarían genuinamente en ir a su sitio?

Además, ¿por qué razón deberían seguir recibiendo un correo electrónico tuyo? Simplemente se eliminarán de su lista o desviarán sus mensajes al cubo de la basura, naturalmente.

Además, eso mi compañero podría ser un mal uso del dinero. Por no decir que perjudicará tu posición como anunciante por correo electrónico. Más daño que beneficio. Por Dios, no he terminado sea como sea. Otra motivación para no buscar registros a toda costa es que debido a su dirección IP' (considérela su id de avance en la web), la notoriedad se verá mermada. Sin entrar en demasiadas sutilezas especializadas, el envío de mensajes a las direcciones en un espectáculo de correo electrónico, que ganó a través de la compra se ejecuta la oportunidad de etiquetar y responder al enemigo correcto de los especialistas de spam como spam. En el momento en que esto ocurre, concebiría también la despedida de sus esfuerzos de venta de correo electrónico. ¡Tenga en cuenta - el spamming es solapado! De hecho, al menos en el planeta de la promoción basada en la web, prácticamente desde el punto de vista de los clientes.

Capítulo 10

Crear un ingreso pasivo con un presupuesto mayor

El objetivo de este proyecto es el de crear un espacio para la reflexión y el debate sobre el futuro de la sociedad y la cultura. Un seguro generalmente algunas veces implica que hay una tasa de préstamo espresso y un alto costo de financiamiento que ordinariamente significa que hay un peligro enormemente ampliado de no exclusivamente procurar, sin embargo, de además, perder su especulación. La mejor manera de comprobar si una cosa va a ser un flujo de ingresos automatizado beneficioso es mediante el contraste de la rentabilidad razonable y el ritmo actual libre de peligro de retorno en, por ejemplo, los bonos del gobierno.

Aquí está la guía paso a paso para iniciar los ingresos pasivos de un presupuesto mayor para crear flujos de ingresos pasivos.

10.1 Inversión en el mercado de valores de Internet

La mayoría de la gente ha escuchado cómo algunas personas hacen una tremenda fortuna contribuyendo a la bolsa de valores. En realidad, usted tendrá la opción de hacer considerables adquisiciones de efectivo, poniendo recursos en acciones y ofertas. Hay algunos errores básicos en los que deben centrarse los que se dedican por primera vez a las finanzas antes de que se empeñen en poner recursos en la bolsa. Si tiene dos o trescientos billetes verdes de más y simplemente desea percibir lo que ocurre, está bien, no obstante en caso de que no esté bromeando para hacer ingresos automatizados decentes; es una expectativa genuina para absorber información como cualquier otra cosa. No se limite a entrar descuidadamente. Sin embargo, las tuercas y los pernos de la puesta son directas en principio: comprar bajo y vender alto. La mayoría de la gente no capta, en la práctica, lo que significa alto y bajo. Lo que es alto para alguien que está vendiendo se considera comúnmente bajo (o suficientemente bajo) para el comprador en cualquier intercambio. De este modo, se pueden extraer varios extremos de datos similares. Debido a la idea general del mercado, es esencial requerir una oportunidad para examinar lo que las acciones u ofertas están haciendo antes de entrar.

Antes de empezar, debe adquirir competencia con al menos las mediciones esenciales, por ejemplo, la estimación contable, el rendimiento parcial, las proporciones de beneficio del valor y, en consecuencia, hacia adelante. Vea cómo se determinan, dónde se encuentran sus deficiencias significativas, y dónde han estado comúnmente estas medidas para cualquier acción y el intercambio después de algún tiempo. Cuando usted comienza, es beneficioso para utilizar dinero virtual en un sistema de prueba de valores o con una cuenta de demostración, ya que esto le ayudará con ver cómo funcionan las cosas y ahorrar una adición significativa de dinero en el primer lugar. En el momento en que usted examina por primera vez las acciones de centavo, parecen ser una idea decente. Con tan poco como cien dólares, usted tendrá la opción de obtener un número significativamente más importante de ofertas en las acciones de centavo que usted si la compra de una acción de blue-chip que podría costar $ 50 o más (algunos abundantes extra) para una recomendación. Las acciones de centavo ofrecen un beneficio decente si suben un billete verde. Sea como fuere, desgraciadamente, lo que las acciones de centavo ofrecen en su productividad debe ser estimado contra la inestabilidad que tienen. Se les conoce como acciones de centavo por una explicación; típicamente, son organizaciones de pésima calidad que, por regla general, no se clasifican como un acuerdo beneficioso. Perder cincuenta centavos en una acción de un centavo puede significar una desgracia del 100 por ciento. Perder cincuenta centavos en una ganga de 50 dólares no es tan terrible y se recuperará más adelante, dado el tiempo. Conseguir datos sólidos sobre las acciones de centavo puede ser, al mismo tiempo, un inconveniente, lo que las convierte en una opción indefensa para un respaldo financiero que permanece para aprender, ya que son asombrosamente impotentes. Por lo general, es un acuerdo decente considerar las acciones en tasas y no en sumas enteras en dólares.

En el momento en el que se inicia o se trabaja con experiencia en el trato con las acciones, la mayoría de la gente debe reclamar y obligar a las acciones de calidad como una recomendación prolongada en lugar de esforzarse por hacer un dinero rápido en las empresas de mala calidad, ya que la mayoría de los beneficios para las acciones de centavo implican el karma. Trate de no ser tentado a estimar todo en una empresa explícita; por lo general, es cualquier cosa menos una película decente. Cualquier organización, incluso las menos difíciles, puede tener problemas y ver sus acciones disminuir drásticamente. Esto ocurrió en el último accidente relacionado con el dinero. Especialmente cuando se empieza básicamente, es una buena intención buscar exclusivamente un pequeño grupo de acciones por lo que es menos sin duda para poseer una desgracia colosal dentro de la ocasión de las cuestiones, y en general los tiempos buenos y malos deben nivelar a cabo para llamar la atención sobre un beneficio práctico.

Los ejercicios aprendidos al hacer esto en ese momento se vuelven menos costosos, pero al mismo tiempo necesarios. Sea terriblemente cauteloso para llegar a aceptar una situación ya que nada es nunca una apuesta positiva. En la remota posibilidad de que usted obtenga para las acciones, se alude a la utilización de su dinero en efectivo. Esto amplifica tanto las adiciones como las desgracias de la especulación dada.

10.2 El sentido común de obtener ingresos pasivos

Es importante recordar que usted podría, sin duda, perder cada una de sus empresas en la noche, por lo que es indispensable utilizar exclusivamente el dinero que tendrá la opción de soportar a perder. En el caso de que comience con una empresa subyacente y construya un par de ganancias, tome una oferta de los beneficios y reinvierta eso. En ese momento, al incrementar gradualmente su especulación total, estará en una posición más fundamentada sin apostar en exceso. Contribuir debe ser visto como un negocio dibujado, independientemente de si usted es un corredor o un tipo que busca y la tenencia de respaldo financiero.

Para permanecer en el negocio, es posible que desee tener algo de dinero en la función para las crisis y las aperturas. Este dinero no adquirirá ninguna rentabilidad. De todos modos, incluir todo su dinero dentro del mercado puede ser un peligro que ni siquiera los expertos en respaldo financiero tomarán. En la posibilidad de que usted necesita más dinero para estimar y ahorrar un poco para la crisis de dinero en efectivo ahorrar, en ese momento, usted no está en una misma posición monetariamente donde contribuir es agudo. La orientación sólida es difícil de mirar hacia fuera, y para tratar de averiguar la cuestión gigantesca de acompañamiento o más rápido desarrollo de valor de la oferta, consejos calientes, o trabajando sobre chismes tidbits no es una estrategia probada en el campo sólido y será cargado con peligros para los patrocinadores financieros de tiempo introductoria.

Tenga en cuenta, que usted está compitiendo con las empresas competentes que no exclusivamente obtienen la información en el momento en que se abre, de todos modos han tenido largos períodos de participación y perciben cómo investigar rápidamente de manera adecuada. En caso de que tengas suerte, ganarás un par, y sin embargo, si tu karma se agota, lo perderás todo. La disposición menos complicada para los novatos es permanecer interesado en las asociaciones que comprendes y tienes experiencia individual atendiendo. No debes tratar de contribuir como si te tocara la lotería. En el momento en que usted está buscando expresamente las acciones dentro del mercado, usted va en contra de los activos compartidos sustanciales y expertos financieros que intentan esto a tiempo completo y con los activos de manera diferente y los datos de arriba a abajo que el individuo esencial puede conseguir. Cuando empiece a contribuir, lo ideal es empezar poco y afrontar los retos con dinero que esté dispuesto a perder, porque el mercado puede ser implacable con cualquier error. A medida que te vuelvas muy hábil en la evaluación de las acciones, empezarás a hacer especulaciones más gigantescas.

Capítulo 11

Crear un ingreso pasivo con un pequeño presupuesto: Es para todos

Hacer un ingreso fácil en la web podría ser una fantasía para algunas personas. De todos modos será una realidad para cualquier individuo que tenga un pc y una afiliación a la web. Independientemente de si usted está simplemente empezando a incitar cautivado por astillado en la red y podría querer buscar una manera de tener un ingreso fácil, o en la remota posibilidad de que usted ha estado luchando para enmarcar una paga de ella, hay un par de cosas que usted debe ponderar antes de saltar dentro de la terminación profunda de la piscina web. Usted debe considerar algunas preguntas significativas para ayudarle a elegir su mejor metodología: ¿Tiene un artículo o administración que necesita vender? Esto puede ser un artículo que ha hecho, ya sea física o académica. ¿Tiene usted, ahora, algún tipo de esencia en la web, un sitio, un blog, o cuentas de medios de comunicación basados en la web? ¿Tiene un plan financiero? ¿Cuál es su aptitud para la web? ¿Qué vas a averiguar para ser fructífero? Hay algunos enfoques fantásticos para comenzar a crear un ingreso automatizado sin pasar por una carga masiva de dinero en efectivo, a pesar de que es concebible mantener un negocio sin gastar algo, esta metodología sería, en su mayor parte, un ciclo largo y necesitaría una cantidad goliath de trabajo.

El mejor procedimiento es acumular gastos que tenga la opción de gestionar y trabajar entre ellos. Cuanto más cantidad de capital tenga en su plan financiero, entre otras razones, más rápido y más sencillo será lograr un nivel de pago que mantenga su estilo de vida.

Esta es la guía paso a paso para comenzar a obtener ingresos pasivos a partir de un pequeño presupuesto para crear flujos de ingresos pasivos.

11.1 Flujos de ingresos pasivos - ¡Dame algunas ideas hombre!

Sin embargo, hay numerosas personas en línea que trabajan con la regla de que es fácil aislar a un simplón y su dinero, por lo que hay que tener cuidado. Conseguir una presencia en la web puede ser cultivado por comenzar a través de locales de medios de comunicación basados en la web como Facebook, Google Plus, Twitter, Linked In, YouTube, Pinterest e Instagram, además de utilizar una parte de los destinos de los medios de comunicación locales menos conocidos. El inconveniente de estos locales está ahí, convirtiéndose en, de esta manera, atascado que la oposición es un reto para adaptarse a, y es claro para sus empresas para iniciar perdido dentro de la marea de datos introducidos. Hace unos años, estos destinos funcionaban admirablemente. En la actualidad, con más de 3,5 mil millones de personas que utilizan la red constantemente, se necesita un toque de habilidad para utilizarlos con éxito. Ser particular y cauteloso en la colocación de sus billetes de especulación es la manera de progresar.

Es siempre una idea inteligente utilizar su nombre en su sitio. Esto se debe a que no hay duda de que el emplazamiento tiene un lugar, y los individuos relacionarán rápidamente su nombre con un artículo de alta calidad. Eso es esperar que usted tenga esencialmente un producto de calidad. Si utiliza artículos de segunda clase y no ofrece valor por el tiempo y el dinero gastado, puede tener un futuro terriblemente corto en la web.

Si usted tiene un artículo que usted desea esforzarse, pero sin su nombre relacionado con él, usted utilizará uno entre sus sub-áreas o producirá otro excluyendo su nombre en la dirección web para esa página. Por ejemplo, usted puede entender una determinación extraordinaria de las cuchillas del cocinero y hacer un plan con el fabricante o el proveedor para venderlos. Por lo tanto, utilizará uno de sus subdominios libres para hacer esto.

• Otra decisión es que quiera enmarcar otro libro electrónico, por ejemplo, un libro de cocina de repostería, y eso podría estar en una página subespacial de su sitio web principal, de todos modos con su presencia web independiente, conectada o no a su página web principal.

• En el momento en que usted comienza o es necesario para Bluehost y WordPress o cualquiera de las otras empresas de facilitación de la red, que dan los cojinetes completos sobre la mejor manera de configurar su sitio web y de negocios, junto con un montón de la propuesta útil, posteriormente, este libro no puede entrar en estas sutilezas reales.

• Una compensación total no involucrada podría lograrse mediante la reapropiación de todo el trabajo obligatorio y sólo la gestión de la actividad, sin embargo, que igualmente necesita un poco de información. Por lo tanto, no existe un sitio de ingresos sencillo.

Habiendo expresado eso, es concebible, y realmente moderado, tener una página web de pago de mantenimiento extremadamente bajo, especialmente si usted utiliza y se familiariza con una parte de los dispositivos y formas accesibles desde su sitio de WordPress donde es potencial para incorporar la adaptación en su sitio de WordPress y aumentar la capacidad de adquisición de sus locales con esfuerzo insignificante. Para dar forma al jefe de esos locales, usted, en cualquier caso, tendrá que intentar hacer todas las tareas de mantenimiento del sitio de horario consistente en general como la composición de nuevos puestos, la venta, y el apoyo del sitio. De todos modos la metodología lucrativa que está tomando puede ser muy sencillo y necesita poco trabajo en su mitad una vez establecido.

Capítulo 12

Inversión en propiedades de alquiler:

Prepárate

La inversión inmobiliaria está surgiendo como una magnífica oportunidad para los financiadores, ya que están en los márgenes de las caídas bruscas y de los añadidos insignificantes de la bolsa de valores. ¿Es exacto decir que usted va tras la especulación inmobiliaria de inversión? Antes de emprender su viaje en busca de una propiedad de inversión, asegúrese de que realmente se asegura de lo que le gusta ser un terrateniente. Aunque es un esfuerzo productivo, es cualquier cosa pero un broche de presión usando cualquier medio. Usted tendría que mantener la propiedad para recibir los beneficios en efectivo a través de su tiempo de propiedad. Para algunos, la especulación de la propiedad de inversión es sólo una cosa que incluye la búsqueda de una casa, dando en un contrato de arrendamiento, y después de redondeo de billetes verdes, mientras que relajarse en un asiento muy amoroso. Sea como fuere, esto puede ser un camino de ser sensato, increíblemente si usted necesita un pago de alquiler ordinario durante mucho tiempo para volver.

Por ejemplo, es más inteligente para alquilar una casa cerca de una escuela ya que una tonelada terrible de los estudiantes es concebible para ir en busca de una residencia dentro de su región de personal. Esto termina en una propuesta adecuada de ocupantes todo el año. En un significado increíble, la especulación de la propiedad de inversión es todo para la disección de la región, haciendo lo que sea necesario para arrendar su propiedad, manteniendo sus habitantes alegre, y mantener la parcela por lo que muy bien puede ser contratado mucho tiempo después de un año de esta manera la limitación del período de apertura.

En este capítulo, le guiaré a través de todo lo que necesita saber para iniciar una inversión en propiedades de alquiler para sus ingresos pasivos.

12.1 Conozca los beneficios de invertir en propiedades de alquiler

Hay numerosas ventajas en las empresas de inversión inmobiliaria para aumentar su sueldo con respecto a varios vehículos de especulación. Usted puede, en cualquier caso, desarrollar su dinero por métodos electivos incluso con malas situaciones económicas. Debido a que la propiedad es básicamente justificable aunque sea ordinaria, lo produce una opción totalmente práctica para formar dinero en efectivo. Los recursos que contribuyen como una plausibilidad de la profesión pueden conseguir su validez del negocio y traerle varios de dinero rápidamente porque las propiedades que se compran y se venden son genuinas y usted tendrá continuamente un decente verdadero para traer a la tabla. Además, alguien puede desear interminablemente vivir en su propiedad. No estará preparado para venderla por su valor total cuando el mercado esté en baja, pero sí para venderla. Cuando el mercado se recupere, tendrá la opción de asegurarse unos ingresos globales goliardos por la oferta de sus propiedades.

Al poner recursos en la tierra, una de las circunstancias favorables es que se establece en la estimación de la venta de sus propiedades, por lo que es todo depende de usted si usted iría para las propiedades de baja estima o usted tendrá la opción también para ir de lujo. Con las diferentes propiedades disponibles, depende de usted elegir cuál es la que amplía su paga. Para simplificarle la vida, es posible que tenga que poner recursos en la propiedad utilizando un profesional inmobiliario, y ellos realizarán todo el trabajo. Al mismo tiempo, usted sigue recibiendo su beneficio como cortes del trato terminado. Poner recursos en la tierra podría ser una oportunidad increíblemente decente debido a las numerosas opciones disponibles.

La satisfacción que obtienes en el sector inmobiliario proviene del dinero o los beneficios que adquieres de todos modos, así como de los nuevos activos que aprendes a medida que llegas. Si usted necesita comenzar a poner los recursos en la tierra, no hay falta de fuentes potenciales de información y materiales de lectura como una tonelada acaba de ser compuesto por ella. Las especulaciones inmobiliarias de inversión hacen que sea posible para usted poseer una pieza de vida compensada porque con esto, usted no está atado a un regular de ocho a cinco, y que acaba de trabajar cuando es posible que desee. La forma de llevar sus especulaciones depende totalmente de usted. Esta especulación también ofrece la comodidad de ser observado y supervisado directamente en su oficina en casa. Gran parte es dirigir llamadas, investigar y reunirse con benefactores y proveedores, por lo que estará preparado para figurar desde cualquier lugar de la región. Obviamente, como en cualquier negocio, usted puede contribuir porque desea que el dinero beneficie. Por cada acuerdo efectivo, un patrocinador financiero se asegura medidas gigantescas de dinero. Podría haber peligros debido a la forma en que se incluyen grandes cantidades de dinero. Será una idea aterradora para perder una gran cantidad por aquí, sin embargo, en la punta, todo se nivela con las tremendas medidas de dinero que se procura como un respaldo financiero de dominio genuino por lo que es una empresa ventajosa cualquier forma de investigarlo. Las especulaciones de propiedad de inversión satisfacen su garantía de remuneraciones no sólo monetariamente de todos modos además la ventaja del cerebro y la comodidad por tener la opción de figurar desde casa en su propio tiempo. Por mucho tiempo que usted mantenga haciéndolo, y con los aparatos apropiados, la técnica y la información, usted podría ser reembolsado en maneras por las cuales usted nunca ha imaginado.

12.2 Una breve guía sobre la inversión en propiedades de alquiler

Por lo tanto, usted tiene este dinero en efectivo dentro del banco, y una de las ideas que está jugando con es la especulación de la propiedad de inversión. No obstante, usted no sabe qué cosas esenciales para buscar o pedir a su representante de recursos como ruta como elegir un buen pedazo de la propiedad se refiere. Trate de no preocuparse porque aquí podría ser una guía fundamental sabio que va a examinar con el primer lugar: Su especulación de la propiedad de la inversión debe estar en un área sensible. Un área de calidad es uno de todos los componentes de la propiedad productiva. Los próximos ocupantes están perpetuamente persiguiendo lugares que les hagan sentir que tienen un hogar. Por ejemplo, si su propiedad está cerca de los focos de la tecnología de la información, es concebible que sus eventuales habitantes trabajen en ese intercambio. Otro modelo: su propiedad puede estar situada en un área local en expansión con una carga masiva de familias jóvenes, así que anticipe que su casa o loft debe hablar a las parejas con casi ningún joven.

En este sentido, seleccione una propiedad en un barrio increíble con una seguridad anual astuta y un poder policial excepcionalmente receptivo. Obtenga información sobre el trasfondo histórico del lugar para ofrecerle una imagen decente de los niveles de seguridad que sus futuros habitantes sin duda pueden solicitar para mirar hacia fuera el. Su empresa de inversión inmobiliaria debería estar cerrada a las aperturas de trabajo. En este entorno económico, la gente puede estar continuamente en el lugar donde están los puestos de trabajo, así que para hacer positiva su especulación se transforma en tierra productiva, seleccione un lugar cerca de esas oportunidades. Por ejemplo: una empresa genuina está abriendo un entorno de trabajo satélite en su ciudad, o tal vez trasladando su campamento base. Esa es su oportunidad de sacar provecho de las personas que podrían querer un territorio cerca de esa fundación. Fabrique un alojamiento que sea motivo de oferta para los ocupantes intrigados. La elección de un área para poner los recursos en y obtener ingresos fáciles de no debe ser confundido. Sin embargo, siempre que el factor en el más alto que las partes en su llamada-producción, que va a disfrutar de las ventajas y los premios de su propiedad de inversión muy en su jubilación.

Antes de comprar su primera propiedad de inversión, ponga a punto su sustancia comercial, con una sólida puesta en marcha del negocio. Su estrategia probada sobre el terreno debe abarcar Personalmente cada progresión en la obtención de una propiedad, desde la estrategia de elevación hasta la búsqueda de los ocupantes correctos, la elección de la renta y los acuerdos de los plazos de alquiler y proceder a través de la oferta de la propiedad. Visite la asociación de promotores inmobiliarios de su barrio.

12.3 Análisis de la inversión en propiedades de alquiler - ¡La guía esencial para hacerlo correctamente!

Por lo general, las redes medianas y masivas tienen un club de contribución a la propiedad en el que tal respaldo financiero de bienes raíces vuelve a reunirse en gran parte de las reuniones planificadas. Tome masas de tarjetas de visita y reúnalos además. Su prosperidad existirá en las asociaciones que haga y mantenga durante todo el tiempo que sea un propietario con propiedades de inversión. Hay que pensar en algunas variables clave, sobre todo si se trata de una especulación que se prolonga regularmente. El profesional inmobiliario correcto no le animará exclusivamente a localizar la mejor propiedad. Asimismo, le animará a suplantar a los habitantes después de algún tiempo, por lo que podría ser un activo de por vida con el que puede desear asociarse y sentirse garantizado junto a su experiencia.

Entienda a un auténtico especialista en viviendas que comprenda a los contribuyentes de propiedades financieras. Los objetivos de la contribución a la propiedad de inversión no son los mismos que los de un comprador de vivienda ordinaria. La paga y los costes de la contribución a la propiedad de inversión cambiarán después de algún tiempo. Algunos meses, usted traerá en el efectivo, y algunos meses, usted hará detrás la inversión inicial o tendrá algunos costes para cubrir para arriba. Más adelante, el mercado de los dominios significativos ha sido persistentemente la mejor aventura. En la remota posibilidad de que usted tenga un negocio establecido que tenga en cuenta los tiempos buenos y malos, debería ser productivo después de algún tiempo. Un especialista que comprende la contribución de la propiedad de inversión también puede explorar los acuerdos razonables y el área apropiada.

La apertura no crea ninguna paga. Además, valoran su dinero. Antes de poner recursos en cualquier propiedad de inversión, debe protegerse examinando el mercado de alquiler. Compruebe la recurrencia de los anuncios de alquiler en el periódico de su vecindario y diríjase a todos o a cualquiera de los profesionales inmobiliarios y jefes de la propiedad en el dominio que pueda. Las propiedades de inversión en ciertas zonas cercanas a recursos o colegios tienen un interés preferente para el alquiler sobre otras. Cuando usted es dueño de una propiedad de inversión, usted está listo para ir. Usted no es sólo un respaldo financiero. Para mantener su negocio con eficacia, usted necesita someter bastante un cierto tiempo y los activos que son esenciales. Es fundamental que usted prácticamente ver cuánto dinero en efectivo y el tiempo que puede pagar antes de hacer un interés en una propiedad de inversión. Si usted está efectivamente preocupado día a día, recluta a un jefe para mantener el negocio para usted.

CONCLUSIÓN

Le agradecemos mucho que haya comprado este libro. Ahora que ha descubierto cómo obtener ingresos automatizados a través de la Red, está preparado para ampliar su salario sin aplastar su espíritu - o el banco. No obstante, saber es esencialmente la lucha. Lo contrario es aplicar lo que has comprendido. Le insto excepcionalmente a utilizar lo que ha aprendido aquí o a familiarizarse con algo más con respecto a los marcos que he impreso. De una manera u otra, estarás siguiendo lo que has realizado. Si te quedas sin hacer nada, simplemente te quedas con un libro atractivo y, en general, con datos aleatorios. La actividad es la situación aquí. Aunque puede ocurrir en más de una ocasión en una vida demasiado, usted procede a no puede confiar en que las cosas útiles vuelvan inesperadamente.

Además, es más inteligente gastar "unas cuantas veces" el estipendio en cosas más desafiantes de la vida que el trabajo, ¡lo mismo que las temidas conexiones! La cosa menos concebible para volver solo es la oportunidad, la autonomía. Esto se ha vuelto indiscutiblemente válido para el globo que poseemos estos días. ¿Por qué razón lo digo? Efectivamente, lo digo porque no quieren que seas libre y trabajes por ti mismo. Esto no es un miedo paranoico posiblemente; es un poco la personalidad del monstruo llamado Economía. Actualmente, no estoy diciendo que el "trabajo" o las "ocupaciones" sean un factor indeseable. Estoy seguro de que hay muchas personas que están más que satisfechas con su línea de trabajo ordinaria. Tampoco estoy adelantando el letargo, tanto de él, ¡Dios lo niegue! Si has sacado algo de este libro, es que los ingresos fáciles, a pesar de su nombre, requerirán seguridad, esfuerzo y tiempo: ¡trabajo!

No obstante, el secreto del negocio actual, o más bien toda la motivación que hay detrás, es poner ese trabajo en un tema. Es construir este marco con su punto de trabajo para usted. En cualquier negocio, alguien tiene que figurar para que funcione y sea productivo. De todos modos aquí, se trata de hacer que la innovación sea ese "alguien". Es para tender un puente sobre la capacidad ilimitada de la Web, que nosotros, en general, tomaremos completamente como un correcto en estos días.

Es un agravio contra nosotros, contra nuestra capacidad latente, dejar de lado los avances innovadores sustanciales como algo que impide nuestra vocación, algo que está por pedir. La gente que suelta estos casos y máximas o bien es demasiado reacia incluso a considerar la posibilidad de exigir esos pasos iniciales o bien es maligna y no necesita que tengas éxito. Ya que permítanme aconsejarles, lo único que la innovación compromete increíblemente son nuestros grilletes y la adaptabilidad de otros para controlar nuestro destino. No hagas caso a los dudosos. Toma una propuesta donde sea realista y aprende, aprende, aprende, sin embargo, no te dejes debilitar por individuos que exclusivamente necesitan obstaculizar el progreso a causa de 25 sus debilidades. Afortunadamente, ¡no son difíciles de detectar! Usted dirá a un pesimista sin razón efectivamente al intentar donde se encuentran o una gran cantidad de deterioro precisamente. Los ingresos automatizados en línea son genuinos. Bueno, ha sido real durante bastante tiempo; sin embargo, es mucho más inconfundible en la actualidad que en cualquier otro momento. Por lo tanto, ¡haga el paso que acompaña hacia la obtención efectiva de ingresos automatizados! ¡Que las posibilidades estén siempre a tu favor! ¡Recuerde que la fortuna apoyará a los audaces! ¡Salud!

Sobre el autor Rita Reader

Rita es una joven de 35 años que trabaja en el campo de las finanzas y la inversión en el departamento de relaciones públicas de la empresa. Vive en Londres y disfruta mucho de su ciudad porque tiene la oportunidad de hablar con gente de diferentes culturas y descubrir mucha información interesante. Le encanta ir a los pubs, pero también suele ir a las librerías durante su tiempo libre. Está casada con James y recientemente ha tenido gemelos que le quitan la mayor parte de su tiempo, pero con una buena organización y la ayuda de las nuevas tecnologías se las arregla para hacer todo. También tiene un gato muy vivaz llamado Tom que a menudo la hace enfadar porque salta por todas partes y tira sus jarrones y muebles. Rebecca es curiosa, tiene buena labia; de hecho, cuando la conoces no para de hablar y hacer preguntas. Es una persona muy sociable y dinámica. En su tiempo libre le gusta hacer senderismo con sus amigos y también es miembro de algunas asociaciones deportivas locales, le gusta viajar, el mar y las tartas de queso que aprendió a hacer de su abuela materna.